真田信治著作選集

シリーズ 日本語の動態
3

アジア太平洋の日本語

真田信治

ひつじ書房

まえがき

　本書は、「日本語の動態」に関するシリーズの第3巻である。この巻では、かつての日本統治下において日本語を第二言語として習得した人々の日本語運用に関して、また、台湾東部・宜蘭県の一部地域に存在する日本語系クレオールの実態について、私の既発表の論攷を選んで一本に紡いでみた。

　アジア太平洋の各地には、戦前・戦中に日本語を習得し、現在もその日本語能力を維持する人々がまだ少なからず存在している。特に台湾やミクロネシア(旧南洋群島)では、日本語が母語を異にする人々の間でのリンガフランカ(共通語)として用いられ続けてきた。

　私は、台湾、ミクロネシア、朝鮮半島、サハリン(樺太)などの地域を対象にフィールドワークを敢行し、現地での日本語変種、また現地語に借用された日本語の記録・記述を進めて、異言語間接触による言語変種の形成過程を分析してきた。

　台湾での日本語を上層とするクレオール(「宜蘭クレオール」)についての本格的な総合記述は今後の研究に託すが、そこにおいては、これまでのヨーロッパ諸語を上層とした研究から構築されたクレオール学の内容が改新されるはずである。

　「宜蘭クレオール」の発生は、その本をただせば、山地に散在していた(互いにことばの異なる)台湾原住民族の人々を、支配の便宜のために、一つの場所に集住させるといった日本によ

る植民地統治時代の集団移住施策に由来するのである。そのためもあって、今まで真正面からそれを論じることが避けられてきた嫌いがある。しかし、現地の若い話者の中には、日本語がどんなに多く入っていようと、自分たちの使っている言語は両親たちから教えてもらった自分たちが守るべき大切な母語である、と強く主張する人たちがいる。中国語に圧倒されて、今や消滅の危機に瀕しつつあるこの言語を、話者たちとの協働で記録・記述することは、この地で生活を営んできた人々の歴史や言語文化の真実の記録として、重要かつ緊急の課題であると考える。

なお、本書は、大学の講義等での教材としても使えることを意図して、内容を全15章(全15稿)の構成で編集している。

目次

まえがき………iii
図・表リスト………viii

1. 旧植民地に残った日本語………1

2. サハリン日本語における朝鮮語の干渉………5

3. 戦時中の平壌での日本語教育を垣間見る………23

4. 韓国人の日本語観………33

5. ミクロネシアにおける日本語からの伝播語
   ポナペ語での現況………39

6. Phonological characteristics of Japanese-derived
   borrowings in the Trukese of Micronesia………61

7. 「クレオール」について………79

8. 日本語を上層とするクレオール………83

9. 台湾「宜蘭クレオール」概説………87

vii

10. クレオール話者たちの言語権主張················105

11. 宜蘭クレオールの音韻体系················111

12. 宜蘭クレオールの"衣食住"語彙················121

13. 宜蘭クレオールの否定表現················133

14. "日本語は日本人のもの"という
   捉え方の持つ問題················149

15. 接触・動態日本語論の展開················155

出典一覧············165
あとがき············167
索引············169

図・表リスト

図1 「日本が好きですか」 …35
図2 「日本語が好きですか」 …36
図3 宜蘭クレオールの分布域 …88
図4 宜蘭クレオールの語種の比率 …131

表1 複数形接尾辞の使用 …8
表2 ポナペ州の人口動態 …40
表3 東岳村における言語運用の概況 …91
表4 《'ba》の意味 …97
表5 《-suru》の活用 …101
表6 原住民族諸語の使用奨励政策の一環 …105
表7 否定辞の生成プロセス …141
表8 宜蘭クレオールにおける否定辞の体系 …146

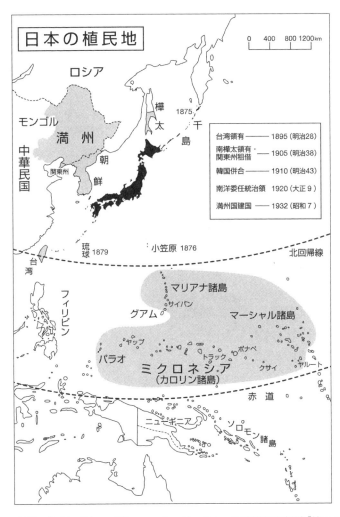

　本図の作成に当たっては、マーク・ピーティー著（浅野豊美訳）『植民地帝国 50 年の興亡』（読売新聞社、1996）における挿図「日本植民地の拡大」を参考にした。

1. 旧植民地に残った日本語

1　はじめに

　かつて、ミクロネシア(旧南洋群島)で日本語の残存をめぐっ
てのフィールドワークにたずさわっていた折のこと。ある島で
話者の家を訪ねたところ、玄関口で、「あがりんさい」と言わ
れたのであった。そこで彼が習ったその島でただ一人の日本語
の先生の出身地をしつこく尋ねたのだが、「東京のはずだ」の
一点張り。当時、先生はすべて東京出身だと称していたようで
ある。しかし、東京人ならば「あがりんさい」というはずはな
い。このことが東アジアに残存する日本語のそれぞれのルーツ
をめぐる調査を始めるきっかけともなった。

2　旧植民地の日本語変種　台湾の場合

　私は、旧統治領の台湾、朝鮮半島、中国東北部(旧満州)、そ
してサハリン(樺太)などの各地で残存日本語に関する調査を実
施してきた。日本が撤退して、すでに長い年月が経過したが、

これら地域に居住するかつての日本語学習者たちはどのような種類の日本語を維持、運用しているのか。

　ここでは台湾での事例を見てみることにしたい。台湾では現在でも高年層の人々の一部で日本語がリンガフランカ（異言語間の共通語）として用いられている。その特徴は九州方言的な形式を基盤としつつ、そこに簡略化（言語としての合理化）が認められる点にある。

　たとえば否定表現はカジュアルな場では、次のように「〜ん」が多用される。なお「〜きらん」（〜ことができない）は九州北部方言でのものである。

　「日本人が今おらん」
　「中国語、一つも分からん」
　「バナナ、大きい一個、食べきらん」

　ちなみに、昭和10年度の国勢調査の結果を調べると、当時の台湾在住者の出身地、上位3県は、①鹿児島12.8%、②熊本10.8%、③福岡6.1%で、九州出身者が圧倒的に多い。

　戦前の記述に、「台湾の子供は、よく『水がいつも出んくなつた』といふ。（中略）また、台湾では、『ヤメロ』とか『ヤメイ』とかいふべきを『ヤメレ』といふ。」というのがある（都留長彦「台湾方言について」『国語の台湾』1、昭和16年）。ここでの「出んくなった」は標準語の「出なくなった」に対応するもので、標準語の「ない」の活用形「なくなった」に対して、方言の「ん」をそれに対応させて、「んくなった」「んくて」「んかった」と活用させた結果できた形と考えられる。こ

のような形式は九州方言で特徴的に認められるものであるが、近年ではその構成を「出ん＋かった」と分析し、「出ん」を打ち消し形、「かった」を過去形と意識する人が増え、それが西日本の全域で若者ことばとして拡大しつつある。したがって、日本国内において数十年後にあらわになる変化を台湾の日本語話者は先取りをしていたことになるわけだ。

　また、一段活用動詞の命令形「ヤメロ」「ヤメイ」を「ヤメレ」のように五段活用化する傾向は、東北地方の日本海側、九州西部、沖縄など、列島の周縁部に認められるものである。近年は中部や近畿の周辺部の若者にもこれが認められるようになった。このような文法体系の単純化（統合）が進行する背景として、中央語（標準語）に対する規範意識の弱さとともに、旧態を改革しようとする志向性がその地に内在していると考える。この点で、植民地での日本語はまさにその先駆けなのであった。

　次のような記述もある。「『綺麗』といふ漢語が、国語の形容詞的な内容を有つてゐるので、『きれいく』『きれいくない』といふやうに、形容詞として活用させるなど、台湾としての方言の発生と見るべきであろう。」（上掲論文）。ただし、これは「綺麗」という語に限ったことではない。九州方言においては、カ語尾でもって形容詞と形容動詞とを区別しない体系が存在するが、北部九州でそのカ語尾をイ語尾に変換した「きれいい」、「楽（らく）い」、「元気い」といった形式が新しく生成されて、近年それが若者ことばとして拡大しつつあることが認められるのである。

　植民地での日本語が進取的で合理的なものに変容したのは、

そこが脱・標準の地、ことばの規範からの解放区であったこと
に由来する。それは日本国内での言語変化を先取りする、いわ
ば「改革の前衛」なのであって、日本語の将来の姿を予測する
ための指標でもあるのだ。

（2007.2）

2. サハリン日本語における 朝鮮語の干渉[1]

1 はじめに

　サハリンの北緯 50 度以南の地は、日露戦争の勝利以降、日本の統治領「樺太」となった。しかし、1945 年 4 月、ロシア（当時はソビエト連邦）は日ソ中立条約の破棄を通告して対日参戦を実行、8 月には満州国、樺太南部、千島列島、朝鮮半島に侵攻し日本軍は降伏させられた。そして、1951 年、サンフランシスコ講和条約で日本は樺太の領有権を完全に放棄した。その間、日本人のほとんどは引き揚げたが、一緒に生活していた約 1 万余人の朝鮮半島出身者は留めおかれることになったのである。その後この地は外国人立入禁止区域に指定され、彼ら残留コリアンたちは熱い望郷の念を募られながらも、ひっそりと貝になって暮らしてきたのであった。そして、約 40 年後の 1989 年、ペレストロイカ政策によってその指定が解除された。彼らは母語としての朝鮮語を、また（特に在サハリン 2 世は）戦前に国語として学んだ日本語をようやく堂々と話すことができるようになったのである（真田 2007）。

ここでは、ユジノサハリンスクで 2003 年 8 月に取材した在
サハリン 2 世、F さん(1931 年生まれ・女性)の談話を対象に
して、サハリン日本語における朝鮮語の干渉といった側面から
の分析を施すことにしたい[2]。なお、インタビュアーは土岐
哲さんと筆者、聞き取りの場での同席者は、朝日祥之さん、イ
ブラヒム・インガさんであった。

2 分析談話データ

F さんはユジノサハリンスク(旧豊原)で生まれ、戦前に日本
の学校(当時の高等小学校 2 年まで)で教育を受けた人で、日本
語運用能力は高い。戦前に洋裁を習い、戦後、裁断師として働
いた。仕事をしながら夜学で朝鮮語とロシア語を学んだが、そ
の朝鮮学校はすぐに閉校になったため朝鮮語による教育を受け
たのは 1 ヶ月間だけで、主に家庭で父親から朝鮮語を学んだと
いう。

なお、F さんの談話収録時間は約 80 分である。以下、F さ
んの談話データを材料に、特徴的と判断したテーマごとに考察
を加えることにする。

発話例の提示において、日本語は漢字仮名交じり文で表記、
意味的にひとまとまりと感じる単位の最後には「。」を、意味
的にはまだ続くと感じられるが区切りのある箇所には「、」を
付した。「…」は間を示す。上昇イントネーションは、疑問を
表す場合「?」を、そうでない場合「↑」を付す。朝鮮語はハ
ングルで表記し、意味を訳す必要がある場合には【　】に記
す。なお、ハングルのローマ字表記は、大韓民国における現行

のローマ字表記法に従う。

R1 と R2 はインタビュアーを示す。聞き取り不能のところは＃＃＃、笑いや咳などの非言語情報は ｜ ｜ に示し、人名などの固有名詞は○○で伏せる。

3 複数形接尾辞の使用

まず、F さんの談話データにおいて、複数形接尾辞の使用頻度が高いことと、その用法に独自のルールがあることに注目した。

日本語と朝鮮語の複数形接尾辞について、使用頻度を定量的に分析した先行研究は見当たらないが、鄭（2005）では、日本語と韓国語の複数形接尾辞の使用範囲が異なるため、日本語での複数形接尾辞の使用頻度が韓国語でのそれに比べて非常に低いとしている。具体的には、(1)「一般の人」「今どきの子ども」のような不特定多数を指示する場合、日本語では複数形接尾辞を後接しないのが普通であるが、韓国語ではできるだけ複数形接尾辞を後接し、それらが複数であることを形式的に明確にしようとする傾向が強い、(2)韓国語の場合、「ご両親」「皆さん」のような集団名詞にも複数形接尾辞が後接することがよくある、とまとめている。

F さんの談話においても、全体的に複数形接尾辞の使用が多く、指示対象が複数である場合には必ず複数形接尾辞を使用していることが指摘できるのである。これはおそらく朝鮮語からの干渉であろう。

F さんが用いた複数形接尾辞には、日本語の「たち」「がた」

「ら」と、朝鮮語の「들 deul」があった。談話全体に出現した
複数形接尾辞を前接名詞とともに表1に示す。

表1 複数形接尾辞の使用

前接名詞	接尾辞	出現数	計
わたし（わっち）	たち	42	42
（修飾語＋）人 親族名称 先生 わたし あんた	がた	16 12 4 2 1	35
自分 この子	ら	3 1	4
親 子（子供・息子）	들 deul	6 2	8

　一番多く用いられたのは「たち」で、すべて一人称代名詞
「わたし（わっちと聞こえる例を含む）」に後接するものであっ
た。Ｆさんの場合、一人称代名詞以外にはほとんど「がた」を
用いて複数の人物を称しているように見える。以下、具体的な
発話例を見てみよう。

（1）Ｆ ：それから、今度わっちたち、職場へ出て、（R1：は
　　　　　い）そしてー、今度職場へ出てちょうどわたしが19
　　　　　の歳ですね。（R1：あ）みんな今度、日本の人がた全
　　　　　部疎開して行っちまったの。
　　　R2：んー。

F ：その職場には<u>日本の人がた</u>と一緒に<u>わたしたち</u>洋裁
　　部라、ね、같이　一緒にやってきたの。
　　【〜日本人と一緒に、私たちは洋裁部だから、ね、一
　　緒に】

　(1)は終戦後、裁断師になって働いたということで、疎開し
て日本へ帰った人も職場で一緒に働いた人も含めて「日本の人
がた」と言っている。在サハリンコリアン同士でも、(2)のよ
うに、朝鮮学校で教育を受けた(Fさんと過去に違う経験をし
た)人に対しては、「朝鮮の人がた」と言っている。また、「が
た」は他の複数形接尾辞より待遇度の高い形式であるが、以下
の「朝鮮学校終わった人なんか」という発話や、身内の姉と息
子の嫁に対しても「がた」を使っている((5)、(6)参照)ことか
ら、Fさんの場合、「がた」は必ずしも高く待遇する形式とは
言えない。

(2)F ：<u>朝鮮学校終わった人がた</u>とね↑、(R1：はい)<u>わたし</u>
　　<u>たち</u>とね、やっぱ話ゆっても、少し、ちょっと遠い
　　もんね。
　R1：あー、あー。
　F ：そうねー、やっぱり何か、こういう映画の話だとか、
　　もういろんな、こういうね↑、話なんかすると、
　　やっぱし、あの<u>朝鮮学校終わった人</u>なんか、少し、
　　話がちょっと合わないもんねー。(R1：あー)<u>わたし</u>
　　<u>たち</u>とね↑、んー。

また、(3)では、Fさん自身を含む在サハリンコリアン全体を「わたしがた」と言った後、苦労したという残留コリアンに対しては「朝鮮の人がた」と、その人たちとは違うFさんの家族を「わたしたち」と区別している。Fさんが用いる「わたしたち」は、かなり限られた、家族のような同じ境遇の人を指しているようである。

（3）F　：<u>わたしがた</u>ね、そうだね、ここで、サハリンでねー、
　　　　　ま、<u>朝鮮の人がた</u>ねー、たいした苦労した님、もう
　　　　　なんだ님って、いろいろなことゆってたけれども、
　　　　　【〜朝鮮人が大した苦労をしたとか、もう何だとか、
　　　　　いろいろなこと言っていたけれども】
　　　R1：はい。
　　　F　：<u>わたしたち</u>の、なんちゅうの、わたしの家はね、日
　　　　　本時代も、ま、何というの、ま、労働者だからね↑、
　　　　　(R1：あ、は)一所懸命やってきたから、誇りもって
　　　　　きて、ロシアの国になってから、ロシア時代になっ
　　　　　ても何も変わりはないですよ。

　一人称代名詞に「がた」を後接した「わたしがた」は、次の(4)の、同窓会の話をするときに、「日本から来た日本人の同級生を含むみんな」という意味で用いられたものがもう1例あった。これら(3)と(4)の例については、「朝鮮の人がた＋わたしたち」と「日本の人がた＋わたしたち」を「わたしがた」と表現したものと考えることができる。

（4）F ：同級生来ていきましたよ。

　　R1：あ、そうですか、あ、あ、

　　F ：そして、ここのね、駅の、(R1：ん)ホテルにみんな
　　　　泊まって、(R1：あー)んー、そこで<u>わたしがた</u>みん
　　　　な、宴会して、(R1：あー、は、は、は)んー、そし
　　　　てー、送ってやりましたよ。

　次に、Fさんの特徴的な複数形接尾辞の使用として、自分の
兄弟や息子の嫁といった、身内の人物を指すときの「がた」が
ある。(5)は昔の写真を見て話す場面であるが、学校の先生に
も自分の姉にも「がた」を付けている。(6)では、息子の嫁に
対しては「がた」を、息子に対しては朝鮮語の複数形接尾辞
「들 deul」を使っている。

（5）F ：この<u>先生がた</u>みんな、(R1：はい)死んだですよ。

　　R1：あ、そうですか。

　　F ：ん、いないですよ。このー<u>先生がた</u>は、私の、<u>お姉</u>
　　　　<u>さんがた</u>の時の、教えた<u>先生がた</u>ですから、(R1：
　　　　あー)ええ。うちの<u>お姉さんがた</u>みんなここの、<u>わた</u>
　　　　<u>したち</u>の1校の学校で終わってるから、(R1：あ)
　　　　んー。

（6）F ：このー、<u>嫁さんがた</u>とは、んー、朝鮮語。

　　R1：あー、そうですか。

　　R2：あ、朝鮮語で

　　F ：んー、朝鮮語言ったり、ロシア語言ったり

R1：お、なるほど、ん。

F ：そしてこの若い人がたが、ま、ロシア語が、早いし
　　ね↑、んー

R1：あ、あー、なるほどね、じゃ、もう家の中でも3種
　　類？

F ：そう、そうそう。そして、｜笑｜うちの子供、息子들
　　이ね、(R1：ええ)聞き取るのは日本語、みんな聞き
　　取るの。(R1：あー)しゃべるとなったら忙しいの。
　　【〜うちの子供、息子たちがね、聞き取るのは日本語、
　　みんな聞き取るの。しゃべるとなったら難しいの】

　ちなみに、(6)の最後での「忙しい」に関しては、現在の韓
国と北朝鮮で意味が異なる「바쁘다 bappeuda」という形容詞
からの転移とみられる。韓国では「忙しい」という意味で使わ
れるが、北朝鮮では「難しい」という意味になる。金(2008)で
は、この形式を朝鮮語方言間の接触が日本語に影響を及ぼした
例として考察している。

　さて、ここに収録した談話は、日本人調査者による日本語の
聴取であるが、そこに朝鮮語の複数形接尾辞「들 deul」が用
いられている。朝鮮語の複数形接尾辞は「들 deul」という一
つの形式だけで、前接する名詞の制約が少ない。しかし、Fさ
んは、「親＋들」6例、「子ども＋들」1例、「息子＋들」1例の
ように、一番近い人間関係と言える親子に限って使用している
のである。

(7)F：わっちたちは韓国のことば。(R1：あ)いやー、したか

ら子供들이、困りますよ。
【わたしたち夫婦は韓国のことばを使う。いやー、だから子供たちが困りますよ】

（8）F：親들이、（R1：ん）母さんも父さんも、達者だもの、日本語。
【親たちが】

　また、この「들 deul」は、すべて朝鮮語の助詞「이 i」が付いた形で用いられており、「들이 deuli（たちが）」の形に固定されているように見える。(9)のように、「親들이【親たちが】」にさらに助詞「が」を付けて、「親들이＋が【親たちが＋が】」と言っている例もあった。この場合の「が」は、朝鮮語でも同じ発音の助詞「가 ga」があるため、どちらの言語の助詞かを判定することは難しいが、「들이 deuli」という形で複数形接尾辞の役割を担っていることは確かなようである。

（9）F：自分の親들이が自分の、んー、わたしの同級生の親들이がいて、その親들이が、その妹に言ったら、信用するかも知れないけど、
【（妹を養女にした）妹の養父母が、または（その事実を知っている）同級生の両親が生きていて、その両親が（生き別れたFさんの）妹に言ってくれたら信じるかも知れないけど】

　以上をまとめると、Fさんは家族内では朝鮮語の形式で「親

＋들이 deuli」「子＋들이 deuli」、家族かそれに近い同じ経験を
した在サハリンコリアンは「わたしたち」、その他の人間関係
には(身内も含めて)「がた」を用いて複数を表していると言え
るのである。

4 日本語発話の中に現れる朝鮮語形式

複数形接尾辞の「들 deul」のように、日本語発話の中に現
れる朝鮮語形式は他にも観察される。単語レベルにおいては、
「같이 gachi(一緒に)」「한 han(だいたい)」「다 da(みんな)」
のような副詞が多い。

(10)F：敗戦してからー、そうだな、少し楽になってからな、
　　　　한 10… 15 年くらい前に、秋田に電話かけましたよ。
　　　　【だいたい】

(11)F：他の人ね、みんな○○○〈F さんの日本名〉、あのー、
　　　　朝鮮人の○○○っちったら、(R1：あー)다分かりま
　　　　す。
　　　　【みんな分かります】

(12)F：ここにはね、4 校까지あったんだけどね、(R1：はい
　　　　はい)1 校の学校は、
　　　　【4 校まで】

日本語で話すときに、(12)の「까지 kkaji」のような朝鮮語

の助詞が混ざることは、在サハリン2世の談話に広く観察される（金 2008）。

　Fさんの談話にも、助詞だけではなく、様々な文法的機能語がみられた。たとえば、次の(13)(14)は、日本語の「分からない」と「分かるはず」に朝鮮語の「〜ㄴ데 nde」が接続した例で、それぞれ「ワカラナインデ」「ワカルバズンデ」のように聞こえる。「〜ㄴ데 nde」は、(13)のように形容詞の語幹について次の話を引き出すために前もってそれと関連した事実をいうときに用いたり、(14)のように体言について、その語が表す意を当然の事実として次のことばに繋いだりする接続語尾である。

(13)F：怒られるがもう何しようが、それしか分からないㄴ데
　　　　どうするの、ね↑、んー。
　　　【分からないのに】

(14)F：そうしてから、行くもんだからこの子らみんな、わっちが並べてからみんな連れて行ったりしたんです。したから、分かるはずㄴ데。
　　　【分かるはずだけれど】

　前の例(1)にも、体言について次の語の前提的な事実を述べる「라 ra」の使用があった。

(1)′　その職場には日本の人がたと一緒にわたしたち洋裁部라、ね、같이一緒にやってきたの。

16

【洋裁部だから、ね、一緒に】

(1)′ では、副詞の「같이 gachi」も使われていたが、朝鮮語を使ったことに気づいたのか、すぐに日本語の「一緒に」を言っている。しかし、朝鮮語の混用に気づき、言い直しているとみられるのはこの1例のみであった。

また、(3)′のように「こうでもあり、ああでもある」という意を表す接続語尾(日本語の「〜とか、〜やら」に相当する)「니 ni」や、(15)多くのものを列挙するか比較するときに用いる「나 na」もみられた。

(3)′ サハリンでねー、ま、朝鮮の人がたねー、たいした苦労
　　 した니、もうなんだ니って、いろいろなことゆってたけ
　　 れども、
　　 【苦労したとか、もうなんだとかって】

(15)F：それは、戦争にならないで、戦争にならないで、万が
　　 一あれしたったら、##
　　 利子나　貯金通帳나探すことになるけれども、
　　 【利子でも貯金通帳でも】

これらは先行の文と後続文をつなぐ役割を担う連結語尾といわれるもので、長い文を構成する際にはこのように朝鮮語形式の使用が多くなるようである。(16)のように、「そうであっても」という意味の接続詞「그래도 geuredo」を使った例もある。

ただし、話者のFさんは意識していないようで、意図的に

朝鮮語に切り換えているとは考えにくい。

(16) F：ま、日本では<u>그래도</u>贅沢に暮らしました。
　　　　【それでも】

　また、以下の(17)のように、句のレベルで朝鮮語の用言が混ざった例もあったが、どちらの言語か判断に迷うところがある。

(17) F：　んー、これでも、わっちたちねー、運が悪いために、
　　　　　高等２年しか出て、出られなかったんですよ。(R1：
　　　　　あ、あー)その次、<u>그게ナッタ</u>、<u>戦争ナッタ</u>から、
　　　　　【それが起こった、戦争になった(戦争が起こった)】
　　　R1：ええ

　朝鮮語の「그게 geuge【それが】」に続くので、「나다 nada (起こる、発生する)」という動詞の過去形「났다 na-ss-da」と思われるが、日本語の「なる」の過去形「なった」のようにも解釈できそうである。

5　朝鮮語からの転移と思われる例

　金(2008)では、在サハリンコリアン２世同士の日本語談話において、朝鮮語の干渉によって生じた、日本語としては不自然に感じられる表現が見られることを指摘した。
　Ｆさんの談話データにも、朝鮮語を直訳したような印象を受

ける表現が多く現れた。以下、朝鮮語の影響と思われる特有の
表現についての具体例を掲げることにする。

5.1 親族（兄弟）の呼び方

　朝鮮語では一番上の兄のことを「큰　오빠 keun oppa（大き
いお兄さん）」と呼ぶ。また、「첫째　오빠 cheotjjae oppa（1 番
目のお兄さん）」「둘째　오빠 duljjae oppa（2 番目のお兄さん）」
のように順番を付けて呼ぶこともある。

　F さんは 9 人兄弟の 5 番目で、兄弟が多いという話をしてい
るが、お兄さんのことを朝鮮語のように「大きい」「2 番目の」
などを付けて呼んでいる。

(18) F：ここで生まれた、わたしはここで。(R2：あー)後の
　　　　姉、兄貴なんかは、ここ、ここでも生まれたし、ま
　　　　た、朝鮮で 1 人、大きい兄さんは生まれて来たし、姉
　　　　さんがた 2 人がここで、また兄さん、2 番目の兄さん
　　　　と、弟の 2 人がまたここで生まれた。

(19) F：ん、ここにないけど、それはうちのー大きい兄さんの
　　　　息子が、(R2：ん、ふん)今クラスネタールに持って
　　　　行って、あるんです、そこに。

(20) F：うちのこのー、この大きい子はね、4 年歩きました。
　　　　うちの大きい子
　　　　【この長男はね、(朝鮮学校に)4 年間通いました。うち
　　　　の長男】

2. サハリン日本語における朝鮮語の干渉　19

　また、朝鮮語では第一子を「大きい子供」という意味の「큰
아이 keun ai」「큰 애 keun ae」のように呼ぶが、(20)の発話
で、Fさんは自分の長男を「大きい子」と言っている。

5.2 「出る」

　朝鮮語の、外国へ「行く」という意味の「나가다 nagada（出
る）」という動詞をそのまま日本語に直訳して使う例があった。
なお、満州には「出る」と言うが、サハリンと北海道には「入
る」と言っている。

(21)F ：北朝鮮、平壌の人ね、そしてね、んー、そっから、
　　　　満州に出たそうです。
　　R2：あー
　　F ：そして満州から、このー、日本の北海道に入ってき
　　　　て、(R1：はい)
　　R2：北海道ね、
　　F ：んー、そして北海道に何年間いて、(R1：はい)それ
　　　　から、このー、サハリンに入ってきた。(R1：はい、
　　　　あ、はー)んー。

(22)F ：ん、行った最初は、北海道入ってきたときには、北
　　　　海道の、あのー、あれ、煉瓦工場、(R1：はいはいは
　　　　い)んー、そこで仕事やったと言ってました。

　また、前の例(1)の、職場へ「出る」という表現は、朝鮮語
の「나가다（出る）」という表現を日本語に変換したものと考え

られる。朝鮮語の「나가다」という動詞は「定職に就く、勤め先に出かける」という意味でも用いられることがある。

(1)′ F：ンフン、それから、今度わっちたち、職場へ出て、(R1：はい)そして―、今度職場へ出てちょうど私が19の歳ですね。

5.3 「見る」

　朝鮮語の「보다 boda」という動詞は、「会う」の意味を併せ持つ。生き別れた妹に会いたいという内容の発話で「見る」を使っている例があった。これらの発話では、「見る」と「会う」が両方使われている。(23)では、「見る」を「会う」に直しているようにも考えられるが、(24)では、「会いたい」と言った後に、同じ意味で「見たい」を使っていることに注目したい。

(23) F：わたしね↑、何ちゅうんだ、わたしもわたしですよ。⌊笑⌋ 見たくて、やっぱ会ってみたくて、
(24) F：んー、会いたいよ。わっち今、みんな死んでしまって、弟一人に、うちお姉さんいるけども、お姉さんはモスクワにいるでしょう↑(R1：あー)んー、離れてるから、もう歳も歳だからね。したからやっぱし、この子はわっちより二つ下です。(R1：ん)だから見たい。

　以上、いくつか指摘したように、Fさんの談話には、朝鮮語の干渉かと思われる特徴が多く現れていた。Fさんは朝鮮語による教育をほとんど受けていないと言っていたが、日常語に関

しては、家族や周囲の在サハリンコリアンからの相当なイン
プットがあったことが推測される。

注
（1）本章は、金美貞との共同執筆である。
（2）本章では朝鮮半島のことばを総称する場合は「朝鮮語」を用い、
　　大韓民国に限定して使うときには「韓国語」と表記している。

参考文献
金美貞（2008）「日本語と朝鮮語の接触について─サハリン朝鮮人 2 世の
　　事例─」『日本語學研究』23 韓国日本語学会
真田信治（2007）「樺太（サハリン）における言語生活を垣間見る─残留コ
　　リアン H さんの事例から─」『國學院雑誌』108-11 國學院大学
鄭惠先（2005）「日本語と韓国語の複数形接尾辞の使用範囲：文学作品と
　　意識調査の分析結果から」『日本語科学』17 国立国語研究所

（2014.10）

3. 戦時中の平壌での日本語教育を垣間見る

　ここでは、かつての平壌公立高等女学校を卒業し、朝鮮北部で国語(日本語)教育を担当した女性(Tさん)の談話の一部を掲げる。彼女は朝鮮戦争時に脱北し、後に韓国からアメリカに移住した在米コリアンである。1927年4月の生まれ、訪日経験はない。インタビューは1994年9月、グアム島で行った。インタビュアーは土岐哲さんと筆者である。

　以下、Tさんの発話を忠実に簡略な文字化によって示す。(　)は文字化に際しての注記である。

　——高等女学校を出た後は何をなさったんですか。

　T：あの時は私、ピアノをしたかったんですけれども、うちの姉さんが岡山県に留学しておるから、うちのお父ちゃんが「お前まで外に出して暮らすこと出来ない。だから戦争が終わって、その時行かせてやる」と言うんですよ。私は京城の梨花専門学校に来ようと思ったんですけれども。(中略)まあ、洋服屋や旅館といったらそんなに貧乏な方ではない、豊

富な方でした。だから職は持たなくてもいいぐらいの家庭で
した。だけどあの時、何もしないで遊んでいるんだったら、
無条件、挺身隊にひっぱられます。それで学校に卒業する前
に、その時は非常時だから専門学校なんか行く時間がないん
ですよ、だからあの時、教員を志望しました。そして臨時教
員養成所へ、学校を卒業する前に、3ヶ月習いに行きまし
た。そして卒業と同時に、養成所と一緒に卒業証明書をも
らって、あの時の正十三級の資格で国民学校に勤めました。
十三級俸です。いわば正訓導です。教員養成所を出ただけで
も、師範学校を出たのと同じ資格を与えられますから、3ヶ
月間の養成で。正訓導十三級俸だったんです。

　　——それはいくらくらいもらえるんですか。

T：83円もらいました。あの時は嘱託で。私たちはあの平壌
の市庁の前の南山国民学校で臨時教員の実習を、3ヶ月の養
成期間のうち1ヶ月そこで研修しました。それでその時は一
生懸命に疎開する時代なんです。空襲が来るからね。夜に
なったら灯火管制がありまして、いつも毛布で灯りを消して
いる時代なんです。

　　——そっちまで行ってたんですか、B29は。

T：はい、そうです。それでいつも夜になったら無条件、黒
い布をかぶせて。だから出来るだけ疎開の制度を使いまし
た。だから私は、お父さんのお父さんのところへ行こうかな

と、故郷に行って勤めはじめました。そこはどこかというと平安南道です。朝鮮は平安北道・平安南道・咸鏡北道・咸鏡南道・江原道・京畿道、そうなってるでしょ。その平安南道の江西郡の星台国民学校に任命されました。そしてあの時、私19歳だったんですが、(俸給が)40円の頭のはげた嘱託の先生がたくさんおりました。あの人達は40円もらって、私は83円もらいました。

　——若いTさんの方が多くもらっていじわるされませんでしたか。

T：でもちょっとね、あがめられました。そして、やっぱり田舎に行ったら無知でしょ。初めは教室に入ることが出来ませんでした。あんまり生臭い、汗のにおいやらあかのにおいがしてねえ。それで2週間位は勉強出来ないで、みんな顔洗って来い、足洗って来い、手洗って来い、指なんかみな私がきれいにしてやったり、頭はらってやったりして。頭のいい子は、お前顔洗ってないな、顔洗って来いと言ったら、裏庭に出て井戸の水を上げて洗ってくる人もおるし、ばかな子は歩いて自分のうちまで行って勉強(学校)が終わってから来るんですよ。初めはきれいにすることを教えたんですよ。そしてまた、かわいそうな子があればね、父が亡くなったり母が亡くなったり、お金をちょっともらって、私のお金を出して封筒に入れてね、釣り金と書いて渡したら、なぜくれるか分からないんです。そんな無知なところで勉強させました。でもクラス80人もいるんです。そしてまた、学校の先生の

中ではね、裏山に花がいっぱい咲いていて、部屋の中があまりにもみすぼらしいから、先生みんなの前に花を切って花瓶にさしてたんですよ。そしたら「あら、石原（Tさんの通名）先生が来てからは、こんなに学校がきれいで、こんなに空気がいい」。校長先生が「あんな娘だったら嫁にいけさせるのに。一緒に住んでしまうのに」。そしてあの時は私たち国民学校の先生は、地方に行けば今の国会議員の待遇を受けました。年長さんやら警察の駐在所長さんと、一緒に招かれて、19歳の娘が、校長先生やら年長さんやら所長さんと一緒に招かれてそこで食べさせてもらいました。そういう良い待遇を受けました。それで、故郷は校長先生だけが日本人だったんです。「故郷はどこですか」って言うから「はい、平壌です」「いや、故郷はどこですか」「あ、平壌です」「いや、故郷ですよ」「はい、故郷は朝鮮平安南道平壌が故郷ですよ」と言ったら、ああそうですか、その時に、ああ朝鮮人がここまできたなあ、平壌公立高等女学校を出て、あの人平高女よ、とあがめられて、あの時はちょっと鼻高々でいばる時代だったんです。解放になって鼻がぺっちゃんこになって、あの時の歌があるじゃない、「10年の勉強が水になる」、そう言ってました、流行歌で。うちの父も昔農業をしてたらしいんです。いつも、農業をしていても、その年も同じその年も同じだから、それを捨てて満州へ行って、洋服の技術を習ってきて、洋服の組合長までしました。あの時は、生地がなかったでしょ、あれが欲しい人は、私たちの縁側に米や肉を置いて1着下さいと言っていました。そして私は女学校の時、生地もいいから一度アイロンしたらそれはなかなかきれ

ない（きれいなままの意）でしょ。だから名前（あだ名）が万年アイロン。それと私はとても手が器用で、勤労奉仕したらくれるマークがあったでしょ、1年したら一つ、2年したら二つのマーク、勤労奉仕のマークがあったんですよ。それで私は器用だからいつも先生の下で手伝いしてね、私たちは完全に習ったのは1年くらいであって、2年から4年まではいつも勤労奉仕、部隊なんかに洗濯してやったり。私はそんなことしないで、先生のもとでちゃんと座ってきれいな仕事をしました。それで私の別名は、「きれいな人」「全校一のおしゃれ」「きれい好き」。韓国人（朝鮮人の意）でもみんなに見下げられなかった。着物も私の性格の通りに着たんですけど、そんなにきれいらしいんです。「あの人きれい好きよ」と言って。運動会の何日か前、校長先生が「石原、壇の上に上がって来い」と言うんです。ああ私は何悪いことしたのかなあと思ってぶるぶる震えて壇の上に上がったら、「何の服でもいいから、この石原さんのように着てきなさい。運動服の長さ、ブルマーの長さ、何の服でもこの人と同じ様な格好で着てきなさい」。そしてまた、裁縫のはじめの時間に、黒い作業服を作ったんですよ。それで私、裁縫しながらも夜通し一人でしたんですよ。そしたら裁縫の先生が「あんた出て行きなさい」と言うの。「誰がミシンでやれと言ったの。手でやってくるのが宿題じゃないの」と言うんですよ。「先生、ミシンじゃないんです。手でしたんです」「ほう、そう」て裏返して見たら、「本当だ。まあすごいすごい」。そしてそれをね、全校にまわしたんです。その作業服をマネキンに着せたまま。だから私は、全校一のおしゃれであって、全校一の

器用であって、きれい好きで、そう評判立ちました。そして私たちは、日本の着物を習いました。今でも日本の着物は出来るけど、韓国の着物は出来ません。それなのに10分前に宿題をみんなしてこないで、裾をこうするの、何て言うの、あれをみんな私にさせてました。休み時間にみんな私が縫ったんです。

　——普通は難しいことなんですか。

Ｔ：いや先生が、「石原さんはね、この生地で、」あの時は生地が珍しかったから、私のは人絹なのでふらふらして、そして日本人のひとは、自分のお母さんたちが着た着物をほどいて洗ってくるから木綿できちんとするでしょ、だから針仕事をやるのにとっても便利でしょ、それで「石原さんはこんな悪い生地でもこんなきれいにしてくるのに、お前たちは生地もいいのに何でこんなに下手にやってくるのか」。そしてまた編み物もね、私は編んだ後にね、湯をかけてご飯の鍋の中に入れたら、それがきれいに揃うんですよ。蒸すんです、そしたらめちゃくちゃになった編んだのがね、みんなきれいにとどまるんです。それを寝床にしいて寝るんです。そしたら、売るものの様に新しくなって。だからいつも甲にまるが2つ。それで器用な人とも有名だったんです。それにきれい好きでしょ、いつも真っ白でね。あの時は私たちは糊をするんです。洗ってアイロンするでしょ。日本の人達はそのまま洗うでしょ、そのまま洗ってそのまま着て、くしゃくしゃで着てて。私とはもう雲泥の差ですよ。だから韓国人（朝鮮人

の意)というだけでもみんな区別されて見下げられるけれども、私は見下げられませんでした。

——才能がそれをカバーしてくれたんですね。

T：はい。朝鮮人のそれをカバーされました。何事においてもね。わたしはあの時日本の靴を履きませんでした。北京の靴。そしてもんぺをはく時代でしょ。日本人の人はお母さんやおばさんがはいた譲りものを何でも着てくるのに、私は洋服を着てちゃんとして、万年アイロンで。ここをきれいにふわっとしてね、とてもきれいにしていました。今のこの絵みたいにね、こうしてね、北京の運動靴、冬でも白い運動靴を履いていました。だから全校で私一人だけ目立つんです。だからいくら私よりきれいな人でも、私と争いをしようとしても、靴がないんだもの、私は北京の靴だもの。北京の靴はとってもいいんですよ。それを履いてたんですよ。いつでも。

——普通は手に入らない？

T：手に入らないですよ。友達が北京におって、1年に1足か2足送ってくれる。冬も夏もその靴で。全校生で私一人ですよ。だからいつも全校一。そんなに軽蔑されなくてね。また、あの時は4クラスだったんです。だから朝鮮人は4人(1クラスに1人)だったんです。4人がとっても仲が良くないんです。あの人がちょっと良かったら嫉妬して、この人が良

かったら嫉妬して、その4人が団結が出来ないんです。だからめんどくさくなって「私は朝鮮人と遊ばない」、遊ばなかったんです。日本人だけと会ったらとても気が楽で、気掛かりになるのが一つもなくて。はじめ入学した時だけ1、2年朝鮮人と付き合いして、出来るだけ朝鮮人とは遊ばないで、日本人のお友達と仲良く遊んだんです。1銭でも借りたらちゃんと返してくれる。とてもあっさりしてね、私もともとそんなところが、とても日本人好きです。とても人に迷惑かけないで。朝鮮人の本性と日本人の本性をくらべればね、朝鮮人は4人でさえ団結できない、いつも喧嘩ばかりしてね、悪口ばっかり言ってね。日本人と遊べばね、とっても気が楽です。だから自然に、日本人とだけ付き合うから、成績も良くなるし話もうまくなるし、性格も真正直で日本人そっくりになるんです。

　——日本人にも変なのはいますけどね。

Ｔ：その変なの、まだ経験していません。今も必ず日本人（が私を）見たら、「あんた2世？　3世？」「2世よ」「故郷はどこ」「東京よ」。本気にしているんですよ。私まだ日本に行ったことないんですよ。一度は（日本に）行ってきて死のうと思っています。

　——ところで、学校の先生はどれくらいなさったんですか。

T：一生懸命やったら、養成所までしたら、8月15日になったらね、あの時はね、（中略）私の国は解放されたのに、一方は喜ばしいであって、日本人の教訓を受けたのはむなしいから、一方は寂しくて、そういう感情がある。だから思い切ってそう万歳が出来ませんでした。本当の心情を言えばね。ちょっと名残惜しい、そういうところも率直に言えばありました。（それを人に話すと）大変ですよ。殺されますよ。何だかあどけないそういう心情でした。

　——その時は何歳でしたか。

T：19歳です。始めて間もなく、えーと、まあ養成所まで（含めて）8ヶ月くらい。始めて直ちにやめさせられました。やめるのはとてもあの、何というかね朝鮮人たちがね、どうせ私たちは公務員だからね、上の指示が来るのを待っていました。それを待っていましたのに、私たちが一生懸命子供たちを教えているのに、そのムチを奪うんですよ。奪われてその場所で、子供たちに一言も言われないで、追っ払われました。いっせいにみんな追っ払われました。村の生徒たちがね、えらそうに来てね、分かりもしない無識の青年たちが来て、その教鞭を奪って。だから学生に一言も言われないで追っ払われました。そうでなくても私たちは、先生はやれと言っても出来ないんですよ。朝鮮語は下手だから。朝鮮語も分かってないんではないけれども、慣れていないからすらすら書けないでしょ。だから違ったら大変と思って、こう見て書いて。もう気持ちよく追っ払われて。それも挺身隊のため

にしたんですよ、本当はね、始めはね。専門学校に行かれないから、戦争で。だから仕方なく、やる職業は先生が一番適当なんです。だからそれをしただけであって。私ピアノがしたかったのに、堅苦しい先生なんかしたくなかったんです。仕方なく挺身隊のためにしたんです。それが解放と同時にやめさせられたから、良くもなったんであってね。それであの専門学校に行こう思ったら、サンパチセン（38度線）で止められたでしょ。だからとてもこの人生は、犠牲に犠牲に、重なった人生ですよ。私たちは国民学校の4年から支那事変があったでしょ。あの時、千人針、あれ私一人でしたくて、一人でみんなしたんですよ、千本を。あれを駅の前から帰ってくる時、勇ましく兵隊さんがたくさん来るでしょ、そこの中で正面を来る兵隊があったんですよ。それで「これあげます」て言ってあげたんですよ。あの人は日本人だったんですよ。堀井さんと言いました。国民学校の4年から女学校の1年まで、便りがきたんですよ。それから来なくなったんです。1年の時、大東亜戦争が始まったんだから、その時から…。

　Tさんは、自分でも述べるように日本を訪れたことのない人である。そのような人が、かくも流暢に日本語を運用していることに留意したい（もちろん個々の表現の中に、いわゆる誤用とされるものや文脈の乱れている箇所も混在してはいるが）。
　なお、インタビューにおける発言内容の公表については、Tさんから許諾を得ていることを付記しておきたい。

（1998.10）

4. 韓国人の日本語観

1 はじめに

かつて、文部省科学研究費(創成的基礎研究費)による「国際社会における日本語についての総合的研究」プロジェクトでの「日本語観国際センサス─海外主要国事例調査」の一環として、韓国における日本語観に関する調査研究を進めた。

調査は、首都ソウル市とその近郊(京畿道)、及び忠清北道を中心とした地域をフィールドとして、面接方式(高年層)、及びアンケート方式で実施した。対象者は各層にわたる309名であった。調査時期は、1993年8月〜10月で、担当者は、筆者と姜錫祐さん・井上文子さんの3名である。

以下に、その調査結果の資料から、「あなたは日本が好きですか、嫌いですか。」、「あなたは日本語が好きですか、嫌いですか。」という質問に対する回答を掲げる[1]。

2 「あなたは日本が好きですか、嫌いですか。」

　図1は、標記の質問に対する回答を、「年齢(世代)別」「職業別」「日本滞在経験」「日本語学習経験」といった回答者の属性ごとに集計した結果である。

　「年齢(世代)別」では、「好き」だと答える人が、60代以上の人に特に多いことが指摘される。この世代は日本の植民地統治時代を経験している人々であることに留意したい(もちろん、「嫌い」だと答える人の比率の方が高いのではあるが)。一方で「嫌い」だと答える人が最も多いのは20代である。好悪感情と世代には相関がありそうである。一方、「よく分からない」という回答は年齢が若くなるにつれて多くなっている。

　「職業別」では、「嫌い」だと答える人が特に公務員に多く、次いで学生に多い。自営業では「好きでも嫌いでもない」とする人が多い。

　「日本滞在経験の有無」では、滞在経験の有無によって好悪感情が変化していることが指摘される。滞在経験のない人は「嫌い」だと答える比率が高いが、滞在経験のある人は「好き」だと答える比率が高くなるのである。この点は、「日本語学習経験の有無」でも同様で、日本語の学習経験の有無によって好悪感情が変化していることが注目される。すなわち、学習経験のない人は「嫌い」だと答える比率が高いが、学習経験のある人は「好き」だと答える比率が高くなるのである。

4. 韓国人の日本語観　35

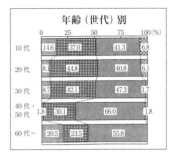
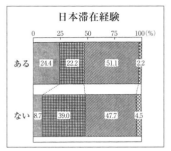
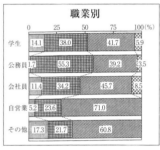
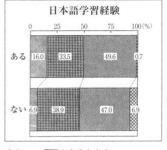

図1　「日本が好きですか」

3　「あなたは日本語が好きですか、嫌いですか。」

　図2は、標記の質問に対する回答を、「年齢(世代)別」「職業別」「日本滞在経験」「日本語学習経験」といった回答者の属性ごとに集計した結果である。全体的に前項での質問の場合と似通っていることが分かる。

　「年齢(世代)別」では、「好き」だと答える人が、60代以上の人に圧倒的に出現している。「嫌い」だと答える人は皆無なのである。逆に「嫌い」だと答える人は、年齢が若くなるにつ

れて増大しているという点が注目されよう。

「職業別」では、「嫌い」だと答える人が、前項では特に公務員に多かったが、この項では「好き」だの回答も少し増え、さらに「好きでも嫌いでもない」とする回答が増えていることが分かる。ここに公務員としての本音が覗いているのではなかろうか。

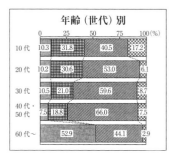
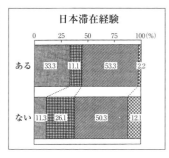
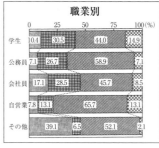
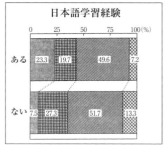

図2 「日本語が好きですか」

「日本滞在経験の有無」と「日本語学習経験の有無」は前項とほぼ同様の傾向を示しているが、前項に比べ、全体的に「嫌

い」だの回答が減り、「好き」だの回答が増えていることが指摘される。特に、滞在経験の有無によって好悪感情が変化していることが注目される。

　「日本」に対する好悪感情と「日本語」に対する好悪感情には微妙な差異を認めることができるのである。

注

(1) これらの結果については、あくまで調査時点における韓国の人々の意識であるということに留意した上で見ていただきたい。

（1996.3[補1]）

補注

(1) ただし、これは報告書の刊行年月であり、報告書では図表のみを掲載している。ここでの解説は今回新たに書き下ろしたものである。

5. ミクロネシアにおける日本語からの伝播語

ポナペ語での現況

1　はじめに

　1914 年、日本は日英同盟を理由に第一次世界大戦に参戦、ミクロネシアの大部分を占める南洋群島をドイツから奪った。その後、国際連盟の決定によって、南洋群島は日本の委任統治領となったが、1933 年に日本が国際連盟を脱退してからも統治は継続され、1945 年までの 30 年間にわたって「国語教育」と呼ばれた日本語教育が実施された。

　南洋群島での日本語教育は、教育制度によって、1914 年の占領直後から 1918 年までの軍政時代、1922 年までの民政時代、それ以降の南洋庁時代に分けられる。軍政時代の小学校は、教師不足で海軍の将校が日本語教育を担当したという。南洋群島特有の『国語読本』もこの時期から編纂されている。南洋庁時代になると教育制度も整い、民政時代の島民学校から公学校となった。その公学校教育の第一の目的は、日本人の手助けとなる、日本語を解する島民を多数養成することにあった。

　当時の日本語教育を受けた高年層世代は、今でも同世代との

会話に日本語を利用することがある。現ミクロネシア連邦のポナペ(ポーンペイ)州における、この世代の人口は表2に示した通りである。

表2 ポナペ州の人口動態

年齢	計	男性	女性
	33,372	17,075	16,297
0—4	4,732	2,437	2,295
5—9	4,648	2,440	2,208
10—14	4,535	2,271	2,264
15—19	4,160	2,211	1,949
20—24	2,993	1,469	1,524
25—29	2,311	1,138	1,173
30—34	2,204	1,095	1,109
35—39	1,981	1,017	964
40—44	1,607	865	742
45—49	1,084	580	504
50—54	765	386	379
55—59	644	322	322
60—64	618	314	304
65—69	443	227	216
70—74	352	162	190
75—79	188	92	96
80—84	68	29	39
85—89	27	14	13
90—94	11	6	5
95—98	1	0	1

(1994年現在)

　このような日本語と現地語との接触情況は、必然的に現地語に日本語からの借用を招くことになった。そして、その中には

日本ですでに使われなくなった（一般的ではなくなった）ことばも多く生きている。

　ここでは、ポナペ（ポーンペイ）島で話されているポナペ語に焦点を当て、この言語における日本語からの借用（伝播）語彙の一覧表を掲げつつ、その音的特徴を抄出する。

　ミクロネシアでの他言語の場合については、真田（1996,1997）、および Sanada（1998）などを参照されたい。なお、ポナペ語に関して、新たに Miyagi（2000）が加わった。同様の課題が扱われている。参照されたい。

2　日本語からの借用語

　Kenneth L. Rehg & Damian G. Sohl: *PONAPEAN-ENGLISH DICTIONARY*, The University Press of Hawaii（1979）に採録されている日本語からの借用語をリストアップしたところ、305語が抽出された。そのリストを〈資料〉として後に掲げる。

　なお、ポナペ語には、名詞を動詞（他動詞）化する手段として、接尾辞（-ih）を付加する方法がある。この操作によって、

　　aikiu〈配給〉+ ih → aikiuih〈配給する〉

のように、名詞が他動詞としても取り込まれている。このような他動詞形は、辞書には 7 語採録されている。これを除くと、借用語の数は 298 となる。

　調査では、これらの語彙を現地の老年層話者（1922 年生まれ・男性）にポナペ語コードで発音してもらい、その音声を記録した。

3 音の代用

　以下、日本語の音形がポナペ語の音的フィルターによって置き換えられる音的代用(sound substitution)について、項目ごとに分析する。

3.1 子音［h］の脱落

　声門摩擦音の［h］が発音されない。これは、ポナペ語自体の音的制約によるものである。

　［anapi］〈花火〉
　［asi］〈箸〉
　［o:muraŋ］〈ホームラン〉
　［o:tai］〈包帯〉

3.2 有声子音の無声子音化

　有声子音［g, b, d,（d）z］は、無声子音［k, p, t, s］に変換される。これら子音における有声・無声の区別の過小弁別もポナペ語の音的制約によるものである。

　［g］→［k］
　破裂音の［g］は、破裂音［k］に変換される。
　［kampare］〈頑張れ〉
　［keŋkaŋ］〈玄関〉
　［komi］〈ゴム〉
　［kuranto］〈グランド〉

ただし、語中の鼻音の［ŋ］は、そのままポナペ語の［ŋ］に対応している。

　［maŋŋa］〈漫画〉
　［neŋi］〈葱〉

　［b］→［p］
　破裂音の［b］は、破裂音［p］に変換される。
　［pake:ro］〈馬鹿野郎〉
　［peniaita］〈ベニヤ板〉
　［po:kuŋo］〈防空壕〉
　［pioiŋ］〈病院〉

　［d］→［t］
　破裂音の［d］は、破裂音［t］に変換される（ただし、無気音で［ṭ］に聞こえる）。
　［taiksaŋ］〈大工さん〉
　［teŋwa］〈電話〉
　［tompuri］〈丼〉

　［(d)z］→［s］
　破擦音の［dz］は、［*ts］を経て、摩擦音［s］に変換される。
　［pansa:i］〈万歳〉
　［so:ri］〈草履〉
　［ansu］〈あんず〉

44

（cf.　［kasuwo］〈鰹〉、［kawakusu］〈革靴〉）

3.3　調音点の移動

　硬口蓋音の調音点が前に移動する。たとえば、［ʃ］は、［s］（歯茎音）で発音される。また、［tʃ］も［*ts］を経て、［s］で発音される。

　［ʃ］→［s］
　［samusi］〈しゃもじ〉
　［so:to］〈ショート〉
　［atasi］〈はだし〉
　［rensu:］〈練習〉

　［tʃ］→［s］
　［sawaŋ］〈茶碗〉
　［mo:so］〈盲腸〉
　［sisipanto］〈乳バンド〉
　［su:moŋ］〈注文〉

　なお、［dʒ］なども、有声子音の無声子音化の規則に従って、［tʃ］を経て、［s］に変換されている。

　［saŋke］〈じゃんけん〉
　［tenso］〈天井〉
　［sito:sa］〈自動車〉
　［su:to］〈柔道〉

3.4 その他

3.3とも関連するが、いわゆる拗音が発音されない。直音化したり、次のように割って発音される。これもポナペ語自体の音的制約によるものである。

[kiarameru]〈キャラメル〉
[kiu:ri]〈胡瓜〉
[iakiu]〈野球〉
[impiokai]〈品評会〉
[kampio]〈看病〉

〈資料〉ポナペ語における日本語からの伝播語リスト

語の排列、及び語形の表記については、*PONAPEAN-ENGLISH DICTIONARY* に従った。(名)は名詞を、(自動)は自動詞を、(他動)は他動詞を、(形)は形容詞を、(感)は感嘆詞をそれぞれ示す。〈　〉内は意味などの説明である。

なお、下線を引いた語は、現地の青年層のインフォーマント(複数)に質問して、現時点では使われていないと回答されたものである。

A

aikiu	配給(名)(自動)
aikiuih	(他動)
ainoko	合いの子(名)
aida	あいだ〈マーブル遊びで穴に玉を落とすこ

	と〉(自動)
<u>aisara</u>	灰皿(名)
<u>aiso</u>	蝿帳〈食品棚〉(名)
aiskehki	アイスケーキ(名)
aispiring	アスピリン(名)
<u>audokahp</u>	アウトカーブ〈野球用語〉(名)
<u>ami</u>	網(名)
ampaia	アンパイヤ(名)
anaire	あないれ〈日本式マーブル遊び〉(名)(自動)
anapi	花火(名)
ansu	あんず〈スターフルーツ〉(名)
<u>andasiro</u>	アンダースロー(名)(自動)
angkasi	ハンカチ(名)
apadopi	幅跳び(名)(自動)
apwaraiasi	あぶら椰子(名)
<u>ahr</u>	ファール(名)
arimaki	腹巻き(名)
ahrkohl	アルコール(名)
asi	箸(名)
<u>asmaki</u>	鉢巻き(名)(自動)
<u>adaru</u>	当たる〈うまい(野球で)〉(形)
adasi	はだし(自動)

E

eieri	?〈失敗したときの叫び〉(感)

5. ミクロネシアにおける日本語からの伝播語　47

<u>erimeddo</u>	ヘルメット（名）

I

iakiu	野球（名）（自動）
iakumehda	百メーター〈競技〉（名）（自動）
iasai	野菜（名）
<u>ien</u>	円（名）
<u>iokoioko</u>	よこよこ？〈マーブル遊びでの二つの穴の名〉（名）
<u>ikdasi</u>	引出し（名）
impiokai	品評会（名）
inkahp	インカーブ〈野球用語〉（名）
iranai	いらない〈カードゲームでパスをすること〉（自動）
isimome	いちもんめ〈手まり遊び〉（名）
<u>isipangpiri</u>	一番びり〈マーブル遊びでの最下位〉（名）
issohping	一升瓶（名）
ido	井戸（名）
<u>iddai</u>	痛い！（感）

O

<u>okasi</u>	お菓子（名）
ompwu	おんぶ（自動）
ohmw	ホーム〈ベース〉（名）
ohmwrang	ホームラン（名）
opwong	お盆（名）

osime	おしめ（名）
osihre	押し入れ（名）
osiroi	白粉（名）
ohdai	包帯（名）
odopai	オートバイ（名）

U

umepwosi	梅干（名）
umpang	運搬（自動）
une	畦（名）
undeng	運転（自動）
undengih	（他動）
undohkai	運動会（名）
urohs	ズロース（名）（自動）
udong	うどん（名）

K

kaiko	警護（名）（自動）
kaingun	海軍（名）
kairu	蛙（名）
kaisa	会社（名）
kakudai	楽隊（名）
kakko	格好〈良い〉（形）
kama	釜（名）
kama	鎌（名）
kampare	頑張れ！（感）

kampio	看病（自動）
kampioih	（他動）
kansohpa	乾燥場（名）
<u>kandoku</u>	監督（名）
kanti	キャンデー（名）
<u>kangkohdang</u>	観光団（名）
kahp	カーブ〈野球用語〉（名）
<u>kahpaido</u>	カーバイト（名）
kapang	鞄（名）
<u>kapwie</u>	カフェ（名）
karindong	かりんとう（名）
<u>kasingai</u>	鎹（名）
kasuwo	鰹（名）
kasuwopwisi	鰹節（名）
kassoku	合宿（自動）
kasdo	活動〈映画〉（名）
kadorsingko	蚊取り線香（名）
kawakusu	革靴（名）
keiru	係留（自動）
kensa	検査（自動）
<u>kendo</u>	検討（名）（自動）
kengkang	玄関（名）
kesingkomi	消しゴム？〈Y字形のパチンコ〉（名）
kesso	決勝（名）（自動）
<u>kedda</u>	下駄（名）
kiarameru	キャラメル（名）

<u>kiassi</u>	キャッチ 〈野球用語〉(名)(自動)
kiuhri	胡瓜(名)
<u>kikansu</u>	機関銃(名)
kinsipakudang	原子爆弾(名)
kingko	金庫(名)
<u>kisa</u>	汽車(名)
kisingai	気違い(形)
koiasi	肥やし(名)
<u>kohkang</u>	交換(自動)
komi	ゴム(名)
<u>kona</u>	粉(名)
kongkiri	コンクリ(自動)
kohri	氷(名)
<u>koro</u>	ゴロ 〈野球用語〉(名)
<u>kosdang</u>	後退？〈車がバックすること〉(自動)
<u>kosdangih</u>	(他動)
kukusuh	空気銃(名)
kurando	グランド 〈野球場〉(名)
<u>kuro</u>	くろ 〈一般的な犬の名(黒い色から)〉(名)
kuroap	グローブ(名)
kuruma	車 〈荷車〉(名)
<u>kuwa</u>	鍬(名)

L

<u>lepdo</u>	レフト(名)

M

mai	上手い（形）
makunai	上手くない〈下手だ〉（形）
mame	豆（名）
<u>mamenoki</u>	豆の木（名）
manaida	まな板（名）
<u>mannaka</u>	真ん中〈マーブル遊びでの一つの穴の名〉（名）
mansu	饅頭（名）
<u>manguro</u>	鮪（名）
mangnga	漫画（名）（自動）
marosong	マラソン（名）（自動）
<u>masinoki</u>	松の木？〈鉄木〉（名）
masuku	マスク（名）
<u>mada</u>	股〈Y字形のパチンコの部分名〉（名）
<u>milikkang</u>	ミルク缶（名）
miso	味噌（名）
middo	ミット（名）

MW

mwohso	盲腸（名）（自動）
mwusing	無尽〈講〉（名）（自動）

N

<u>naisi</u>	内地〈マーブル遊びでの一つの穴の名〉（名）

namaiki	生意気(形)
<u>namari</u>	鉛(名)
nappa	菜っ葉(名)
<u>nasupi</u>	茄子(名)
nengi	葱(名)
<u>niondo</u>	日本刀(名)
<u>nireng</u>	二連〈マーブル遊びで、一撃で二つの玉を打つこと〉(自動)
<u>nompe</u>	飲ん兵衛(名)

P

paiking	黴菌(名)
<u>pakadanah</u>	馬鹿だなあ！(感)
pakehro	馬鹿野郎！(感)
pakudang	爆弾(名)
pakking	罰金(名)(自動)
<u>pampei</u>	番兵(名)
<u>pannukas</u>	番抜かし〈マーブル遊びで、まちがった穴に玉を打つこと〉(自動)
<u>pansahi</u>	万歳〈勝利、またゲームの名〉(名)(自動)
<u>pangku</u>	パンク(自動)
parikang	バリカン(名)
pariki	馬力〈早く行くこと〉(自動)
<u>pahru</u>	バール(名)
passai	伐採(自動)
pahsdo	ファースト〈野球用語〉(名)

padda　　　　　　バッター（名）

peniaida　　　　　ベニヤ板（名）

pensi　　　　　　ペンチ（名）

pengohsi　　　　　弁護士（名）

pioing　　　　　　病院（名）

piraipang　　　　　フライパン（名）

pirepira　　　　　プロペラ（名）

piroski　　　　　　風呂敷き（名）

pihru　　　　　　ビール（名）

pissa　　　　　　ピッチャー（名）

pisdor　　　　　　ピストル（名）

PW

pwohkungo　　　　防空壕（名）

pwohsdo　　　　　ポスト（名）

pwohdaka　　　　　棒高〈跳び〉（名）（自動）

pwoampwoamw　　ぽんぽん〈蒸気船〉（名）

pwundosi　　　　　褌（名）（自動）

pwuhseng　　　　　風船（名）

pwuhdo　　　　　　封筒（名）

R

raido　　　　　　ライト（名）

rakudai　　　　　落第（自動）

ramen　　　　　　ラーメン（名）

ramwune　　　　　ラムネ〈ガラス玉、マーブル〉（名）（自動）

ranning	ランニング〈シャツ〉(名)
ransi	ランチ〈モーターボート〉(名)
rappa	ラッパ(名)
rekohdo	レコード(名)
rensuh	練習(自動)
rerei	リレー(名)(自動)
rishka	リヤカー(名)
rimpio	淋病(名)(自動)
rokupadda	ろくバッター？〈バットを使ったゲームの名〉(名)(自動)
ruksaku	リュックサック(名)

S

sangke	じゃんけん(名)(自動)
saingo	最後〈順番〉(名)
saida	サイダー(名)
sakana	魚(名)
sakando	セカンド〈野球用語〉(名)
sake	酒(名)
saki	ジャッキ(名)(自動)
sakih	(他動)
sakura	さくら〈花札〉(名)
samurai	侍(名)
samusi	しゃもじ(名)
samma	秋刀魚(名)
sampion	チャンピオン(名)(自動)

5. ミクロネシアにおける日本語からの伝播語　55

sansing	三振(自動)
sandangdopi	三段跳び(名)(自動)
sahpis	サービス(名)
sarasi	晒し(名)
sarasko	晒し粉(名)
sarmada	猿股(名)(自動)
sasimi	刺身〈生の食品〉(名)(自動)
sahdo	サード〈野球用語〉(名)
sawang	茶碗(名)
sekihda	関板(名)
sensuh	選手(名)
senda	センター(名)(自動)
sendohki	戦闘機(名)
sikeng	試験(名)(自動)
sikongki	蓄音機(名)
simekiri	締切り(自動)
simpung	新聞(名)
sipiring	スプリング〈半袖の丸首シャツ〉(名)
sipihdo	スピード〈速い〉(形)
sippwu	チップ〈野球用語〉(名)
siraik	ストライク(名)
sirangkau	知らん顔〈他人を無視する様子〉(形)
sirangkawe	(他動)
sisipando	乳バンド〈ブラジャー〉(名)(自動)
sidohsa	自動車(名)
soiu	醤油(名)

sohko	倉庫（名）
sokko	すっご？〈すばらしい！〉（感）
songaipwi	障害物〈競走〉（名）（自動）
sopa	蕎麦？〈スープ〉（名）
sohpai	商売（名）
sohpw	町歩（名）
sorapang	算盤（名）
sohri	草履（名）（自動）
Sohseng	朝鮮（名）
sohdo	ショート〈野球用語〉（名）（自動）
su	洲〈マーブル遊びで、二つの玉を各陣地に分けること〉（自動）
suika	西瓜（名）
sukiaki	すき焼き（名）
sukuras	スクラッチ〈かけ玉突きで〉（自動）
sukweia	スクエヤー〈大工道具〉（名）
suhmwong	注文（自動）
suhmwongih	（他動）
supwo	坪（名）
suhpwu	チューブ（名）
suhdo	柔道（自動）
skahdo	スカート（名）（自動）
skohso	飛行場（名）
skrudraipa	スクリュードライバー（名）

D

<u>daiasu</u>	ダイハツ〈鋼鉄製の船〉(名)
daikong	大根(名)
daiksang	大工さん(名)
daipraida	タイプライター(名)
daidowa	大東亜〈戦争〉(名)
<u>dakadopi</u>	高跳び(名)(自動)
dakasingai	高瀬貝(名)
<u>dako</u>	凧(名)
dakuwang	たくわん(名)
dama	たま〈電球〉(名)
damango	たまご(名)
damaski	玉突き〈かけ玉突き〉(名)(自動)
<u>dameni</u>	駄目ね〈マーブル遊びで、妨害を注意する こと〉(自動)
<u>dampwo</u>	田んぼ(名)
dana	棚(名)
<u>dane</u>	種(名)
<u>dangkaido</u>	探海灯〈サーチライト〉(名)
dangku	タンク〈戦車〉(名)
dapi	足袋(名)(自動)
<u>darai</u>	たらい(名)
dadimai	建前〈上棟式〉(名)(自動)
dawasi	たわし(名)
depwukuro	手袋(名)(自動)
dekking	鉄筋(名)

demma	伝馬〈船〉(名)
dempwo	とんぼ(名)
dempwo	電報(名)(自動)
dempwura	てんぷら〈ドーナッツ〉(名)
densi	電池(名)
densimpasura	電信柱(名)
denso	天井(名)
dendemmwosi	でんでん虫(名)
deng	点(名)
deng	天？〈マーブル遊びでの一つの穴の名〉(名)
dengki	電気(名)
dengwa	電話(名)
deppang	鉄板(名)
deriuhdang	手榴弾(名)
diromkang	ドラム缶(名)
diroap	ドロップ〈野球用語〉(名)
dokange	とかげ(名)
dohming	島民(名)
dompiki	どんびき？〈2本の棒をわくで結びあわせ動物に引かせる道具〉(名)
dompwuri	丼(名)
dopas	とばす〈速い〉(形)
dohranai	通らない〈人を受け入れない〉(自動)
doro	トロ〈バーベルとして利用した、トロリーの車輪・心棒〉(名)
doropwus	ドロップス〈飴〉(名)

<u>dorno</u>　　　　　とるの？〈日本式マーブル遊び〉(名)(自動)

dohdai　　　　　灯台(名)

T

<u>troahli</u>　　　　トロリー(名)

W

wailes　　　　　ワイヤレス〈無線電信〉(名)(自動)

waku　　　　　　枠〈刺繍道具〉(名)

参考文献

真田信治(1996)「一型アクセントとしてのチューク語―ミクロネシアで
　　の言語調査から―」『日本語研究諸領域の視点　上巻』(明治書院)

真田信治(1997)「コスラエ語(ミクロネシア)における日本語からの伝播
　　語の音的特徴」『日本語の歴史地理構造』(明治書院)

Shinji Sanada (1998) Characteristics of Japanese Loanword Vocabulary in Microne-
　　sian Languages. *Memoirs of the Faculty of Letters, Osaka University Vol.XXXVIII.*

Kimi Miyagi (2000) Japanese loanwords in Pohnpeian: adaptation and attrition. *Japa-
　　nese Linguistics 7.*

(2002.1)

6. Phonological characteristics of Japanese-derived borrowings in the Trukese of Micronesia

1 Introduction

For the past several years, we have been involved in language surveys of the lagoon islands of Truk in the Federated States of Micronesia.

The Japanese colonial rule of these islands lasted from 1914 to 1945. During that time, the language contact situation of the islands was conducive to the incorporation of borrowings into the native language from Japanese. Among the Japanese-derived borrowings in use today, there still survive many words which have disappeared, at least from common use, in the language of Japan (Sanada 1996).

2 Borrowings from Japanese

We constructed a list of Japanese-derived loanwords from the dictionary of Ward H. Goodenough & Hiroshi Sugita

(1980). Some of the entries in this dictionary have their origins clearly labelled. For example, we can see that baseball terms were borrowed from Japanese words which had been in turn borrowed from English. We have listed a total of 283 words which, although not marked as to their origin, are clearly words of Japanese origin.

In Trukese, nouns can be made into (transitive) verbs by adding the suffix -ni or -i. Below are some examples of nouns borrowed from Japanese which can be made into verbs through this process.

[tajiku] ⟨carpenter⟩ + [ni]⇒[tajiku:ni] ⟨do carpentry on⟩
[teŋki] ⟨electric light⟩ + [ni]⇒[teŋki:ni] ⟨give light to⟩
[tʃoːsa] ⟨investigation⟩ + [ni]⇒[tʃoːsaːni] ⟨investigate⟩
[sasiŋ] ⟨picture⟩ + [i]⇒[sasiɲi:] ⟨take a picture of⟩
[unteŋ] ⟨driving⟩ + [i]⇒[unteɲi:] ⟨drive (an automobile)⟩

There are 29 verbs of this type included in the dictionary. If we do not consider them as primary borrowings, we are left with 254 words.

We took these lexical items and presented them to our informant, asking him to choose the words which were still in use. We also recorded (in August 1995) the informant's pronounciations of the words in Trukese. Lexical items are given in the appendix at the end of this paper.

3 Informant

Our informant was Mr. Joshua Suka, born on August 26th, 1927 on the island of Udot, one of the Truk Island chain. On the island he received 5 years of elementary school education under Japanese teachers. Until the Japanese surrender to the United States in 1945, he worked at a name stamp shop run by Japanese people on the island of Dublon. Following the war, he learned English on his own, and taught drafting at high school. At the time of the survey, he was retired and living on the island of Dublon.

Mr. Suka is one of the rare examples of people of his age on the islands who can read and write English and Japanese.

4 Analysis of sound substitution

In the language contact situation between Japanese and Trukese, Japanese is the source language and Trukese the recipient language. In the transfer process from the source language into the recipient language, there is always interference from the latter. Below, I will analyze examples of sound substitution which resulted when Japanese words were borrowed through a Trukese phonetic filter (Sugita 1989).

4.1 Vowel length

Word-final vowel length is unstable. When a word adds a

suffix, the final vowel lengthens, as seen in the examples below.

[inaka]→[inaka:] 〈rural place〉
[sense:]→[sense] 〈teacher〉
　　　　[sense:ni] 〈be a teacher of(a class)〉
[kadʒi]→[kasi] 〈steering wheel〉
　　　　[kasi:ni] 〈steer(a boat)〉
[renʃu:]→[rensu] 〈practice〉
　　　　[rensu:ni] 〈help someone to practice〉

4.2 The h-reduction

The /h/of Japanese words disappears in borrowings due to Trukese phonological rules.

[haŋkatʃi]→[aŋkatʃi] 〈handkerchief〉
[happjo:]→[appijo] 〈announcement〉
[hatake]→[atake] 〈plantation〉
[ho:muraN]→[o:mraŋ] 〈home run(in baseball)〉
[ho:tai]→[o:taji] 〈bandage〉

4.3 Devoicing of voiced consonants

The [b, d, dz, g] of Japanese are devoiced to become [p, t, tʃ, k] in Trukese. This lack of a voiced/voiceless distinction, from the standpoint of the source language under differentiation, is also due to restrictions imposed by the phonological

6. Phonological characteristics of Japanese-derived borrowings in the Trukese of Micronesia   65

structure of Trukese.

[b]→[p]
  [bariki]→[pariki] 〈horsepower〉
  [nabe]→[nape] 〈cooking pan〉
  [obi]→[opi] 〈sash worn around the waist〉
  [umeboʃi]→[umeposi] 〈pickled plum〉
  [abura]→[apura] 〈grease〉

[d]→[t]
  [daŋŋo]→[taŋŋo] 〈dumplings cooked in hot sugared wa-
      ter〉
  [dentʃi]→[tentʃi] 〈battery (as in a flashlight)〉
  [ido]→[ito] 〈well〉

[dz] [dʒ]→[tʃ]
  [dzampaN]→[tʃampaŋ] 〈garbage〉
  [ga:dze]→[ka:tʃ e] 〈gauze〉
  [dzo:ri]→[tʃo:ri] 〈zori type of footwear〉
  [dzurui]→[tʃuri:] 〈cheat〉
  [dʒaŋkeN]→[tʃaŋke] 〈game of scissors-stone-cloth〉
  [dʒido:ʃa]→[tʃito:sa] 〈automobile〉
  [dʒo:riku]→[tʃo:riku] 〈landing in force〉
  [kikandʒu:]→[kikantʃu] 〈machine gun〉

[g]→[k]

   [gasoriɴ]→[kasoriŋ] 〈gasoline〉

   [geŋkaɴ]→[keŋkaŋ] 〈room at the main entrance to a
         house〉

   [gittʃo]→[kittʃo] 〈left-handed person〉

   [goro]→[koro] 〈grounder(in baseball)〉

   [guroːbu]→[kuroːpu] 〈baseball glove〉

The word-medial velar nasal [ŋ] in Japanese, however, is
not devoiced, remaining [ŋ] in Trukese borrowings.

   [meŋane]→[meŋane] 〈spectacles, glasses〉

   [maŋŋa]→[maŋŋa] 〈farce, comedy〉

4.4 Depalatization

The pronunciation of Japanese palatized consonants chang-
es. For example, the palatals of [ʃa], [ʃi], [ʃo], and [ʃu] be-
come alveo-dentals producing [sa], [si], [so], and [su]. With
the palatized [kjo] [rjo],vowels are inserted before the pala-
tal to form [kijo] and [rijo].

[ʃa]→[sa]

   [ʃako]→[sako] 〈garage〉

[ʃi]→[si]

   [ʃiba]→[sipa] 〈green turf〉

[ʃo]→[so]
  [ʃo:to]→[so:to] ⟨shortstop(in baseball)⟩
[ʃu]→[su]
  [senʃu]→[sensu] ⟨athletic team⟩
[kjo]→[kijo]
  [bo:eŋkjo:]→[poŋkijo] ⟨telescope⟩
[kju]→[ku] [kiju]
  [kju:ri]→[ku:ri] ⟨cucumber⟩
  [haikju:]→[ajikiju] ⟨ration(of food)⟩
[rjo]→[rijo]
  [ɸurjo:]→[furijo] ⟨bad person⟩
[rju]→[riju]
  [dʒo:rju:]→[tʃo:riju] ⟨do distilling⟩

However, the affricate [ts] becomes palatized, resulting in the pronunciation [tʃ].

  [naŋagutsu]→[naŋakutʃu] ⟨boot⟩
  [pantsu]→[pantʃu:] ⟨panties, briefs⟩
  [sotsuŋjo:]→[sotʃuŋijo] ⟨graduation(from school)⟩

4.5 The reduction of pitch accent patterns

With all words over 2 syllables, the accent is placed on the second syllable from the end.

Appendix : A List of Trukese Borrowings from Japanese

The list below is limited to lexical items which the informant reported that he still used. The words are written in a simplified phonetic alphabet script. The abbreviations "n." (noun), "vi."(intransitive verb), "vo."(transitive verb), "e."(exclamation), and "J."(Japanese)are used.

A

ami n. ⟨wire screening against insects⟩ J. ami

ampaija n. ⟨umpire(in baseball)⟩ J. ampaija

aŋkatʃi n. ⟨handkerchief⟩ J. haŋkatʃi

apatopi n. ⟨running long jump⟩ J. habatobi

apura n. ⟨grease⟩ J. abura

apuraːni vo. ⟨grease⟩

appijo n. ⟨announcement⟩ J. happjoː

atake n. ⟨plantation⟩ J. hatake

atʃi n. ⟨bee⟩ J. hatʃi

ajikiju n. ⟨ration(of food)⟩ vi. ⟨distribute⟩ J. haikjuː

ajinoko n. ⟨half caste⟩ J. ainoko

F

fasto n. ⟨first base(in baseball)⟩ J. ɸaːsuto

firosikiji n. ⟨cloth wrapper⟩ J. ɸuroʃiki

funtosi n. ⟨string-fastented loincloth(of Japanese type)⟩ J. ɸundoʃi furaji n. 〈fly ball(in baseball)〉 J. ɸurai

furaji:ni vo. 〈hit(a fly ball in baseball)〉

furajipa:ŋ n. 〈flying pan〉 J. ɸuraipaɴ

furijo n. 〈bad person〉 J. ɸuryo:

futoŋ n. 〈mattress〉 J. ɸutoɴ

fu:to n. 〈envelope(for mailing)〉 J. ɸu:to

I

inaka: n. 〈rural place〉 J. inaka

impaŋ n. 〈rubber stamp〉 J. imbaɴ

isoŋasiji vi. 〈be busy〉 J. isoŋaʃi:

ito n. 〈well〉 J. ido

ijakiju n. 〈baseball game〉 vi. 〈play baseball〉 J. jakju:

ijasaji n. 〈vegetables〉 J. jasai

K

kafije n. 〈teahouse〉 J. kaɸe:

kʼama n. 〈iron cooking pot〉 J. kama

kʼama:ni vo. 〈prepare food in a kkama〉

kaŋŋof n. 〈nurse〉 J. kaŋŋoɸu

kaŋko:taŋ n. 〈tour group〉 vi. 〈do sight-seeing in a group〉 J. kaŋko:daɴ

kansoku n. 〈radar station〉 J. kansoku

kantoku n. 〈boss〉 J. kantoku

kantʃi n. 〈executive officer〉 J. kandʒi

kapu n. 〈stock company〉 vi. 〈form a pool(as with money)〉 J.

kabu

kappa n. 〈raincoat〉 J. kappa

kasso:ro n. 〈airport〉 J. kasso:ro

kasi n. 〈steering wheel〉 vi. 〈steer〉 J. kadʒi

kasi:ni vo. 〈steer(a boat)〉

kasoriŋ n. 〈gasoline〉 J. gasoriN

ka:to n. 〈medical chart〉 J. ka:do

katoriseŋko n. 〈mosquito coil(a repellent)〉 J. katoriseŋko:

ka:tʃe n. 〈gauze〉 J. ga:dze

katʃito n. 〈cinema〉 J. katsudo:

kajaku n. 〈gunpowder〉 J. kajaku

kʼajiŋun n. 〈navy〉 J. kaiŋuN

kajiru n. 〈frog〉 J. kaeru

kajitʃo n. 〈cancellation of warning〉 J. kaidʒo

keŋkaŋ n. 〈room at the main entrance to a house〉 J. geŋkaN

kikantʃu n. 〈machine gun〉 J. kikandʒu:

kimpa vi. 〈have a gold crown(of a tooth)〉 J. kimba

kinsipakutaŋ n. 〈atomic-bomb〉 J. genʃibakudaN

kittʃo n. 〈left-handed person〉 J. gittʃo

kijattʃa n. 〈catcher(in baseball)〉 vi. 〈be catcher〉 J. kjattʃa:

ko:eŋ n. 〈park〉 J. ko:eN

ko:kaŋ n. 〈switchboard〉 J. ko:kaN

kona n. 〈powder〉 J. kona

koŋkuri n. 〈concrete〉 J. koŋkuri

ko:ri: n. 〈ice〉 J. ko:ri

koro n. 〈grounder(in baseball)〉 J. goro

kosimaki n. ⟨woman's wrap-around undergarment⟩ J. koʃimaki

ko:skake n. ⟨chair⟩ J. koʃikake

kojasi n. ⟨fertilizer⟩ J. kojaʃi

kumi n. ⟨an administrative district⟩ J. kumi

k'umi n. ⟨team(athletic)⟩ J. kumi

ku:ri n. ⟨cucumber⟩ J. kju:ri

kuro:pu n. ⟨baseball glove⟩ J. ɡuro:bu

M

maku: n. ⟨curtain⟩ J. maku

makuwauri n. ⟨Cucumis melon⟩ J. makuwauri

mame n. ⟨bean⟩ J. mame

manajita n. ⟨chopping board⟩ J. manaita

maŋŋa n. ⟨farce, comedy⟩ vi. ⟨play a farce⟩ J. maŋŋa

manneŋ n. ⟨fountain pen⟩ J. mannençitsu

mantʃu: n. ⟨soft sweet stuff⟩ J. mandʒu:

masi:ŋ n. ⟨machine oil⟩ J. maʃiN

ma:sku n. ⟨catcher's mask(in baseball)⟩ J. masuku

ma:sto n. ⟨mast⟩ J. masuto

meŋane n. ⟨spectacles, glasses⟩ J. meŋane

meroŋ n. ⟨melon⟩ J. meroN

mitto n. ⟨catcher's mitt(in baseball)⟩ J. mitto

miso n. ⟨bean paste⟩ J. miso

mitʃo n. ⟨ditch⟩ J. midzo

mitʃuapura n. ⟨hair oil⟩ J. midzuabura

N

naŋakutʃu n. 〈boot〉 J. naŋagutsu

namajiki n. 〈impudence〉 vi. 〈be impudent〉 J. namaiki

naŋkiju n. 〈liner(in baseball)〉 J. naŋkju:

nape n. 〈cooking pan〉 J. nabe

nappua n. 〈green vegetables〉 J. nappa

nasu n. 〈eggplant〉 J. nasu

neŋi n. 〈Welsh onion〉 J. neŋi

netʃimawasi n. 〈screwdriver〉 J. nedʒimawaʃi

netʃimawasi:ni vo. 〈screw(something)with a screwdriver〉

nomi n. 〈chisel〉 J. nomi

nomi:ni vo. 〈apply a chisel to〉

O

o:mraŋ n. 〈home run(in baseball)〉 J. ho:muraN

opi n. 〈sash worn around the waist〉 J. obi

osiroji n. 〈baby powder〉 J. oʃiroi

osiroji:ni vo. 〈apply baby powder to〉

osiruko n. 〈a soup-like drink with dumplings in hot water〉 J. oʃiruko

o:taji n. 〈bandage〉 J. ho:tai

o:taji:ni vo. 〈bandage〉

otopaji n. 〈motorcycle〉 J. o:tobai

P

pakajaro e. 〈(in cursing)God damn you!〉 J. bakajaro:

6. Phonological characteristics of Japanese-derived borrowings in the Trukese of Micronesia   73

pake n. ⟨feather fish lure⟩ J. bake

pakutaŋ n. ⟨dynamite, bomb⟩ vi. ⟨use dynamite⟩ J. bakudaN

pakutaɲi: vo. ⟨dynamite or bomb(something)⟩

panso:ko n. ⟨adhesive tape⟩ J. banso:ko:

panso:ko:ni vo. ⟨apply adhesive tape to⟩

pantʃu: n. ⟨panties, briefs⟩ J. pantsu

pakkiŋ n. ⟨fine, penalty⟩ J. bakkiN

patta n. ⟨bat(baseball)⟩ J. batta:

pariki n. ⟨horsepower⟩ J. bariki

patʃiŋko n. ⟨slingshot⟩ J. patʃiŋko

patʃiŋko:ni vo. ⟨use a slingshot against(someone)⟩

pajikiŋ n. ⟨germ, bactirium⟩ J. baikiN

pajijoriŋ n. ⟨violin⟩ J. baioriN

perikaŋ n. ⟨hair clipper⟩ J. barikaN

perikaɲi: vo. ⟨clip with a hair clipper⟩

pimpoŋ n. ⟨pingpong ball⟩ J. pimpoN

pintʃo n. ⟨feces⟩ vi. ⟨defecate⟩ J. bendʒo

pintʃuri n. ⟨a game⟩ J. bintsuri

pi:ttʃa n. ⟨pitcher(in baseball)⟩ J. pittʃa:

pisto:r n. ⟨pistol⟩ J. pisutoru

pijojiŋ n. ⟨hospital⟩ J. bjo:iN

poŋkijo n. ⟨telescope⟩ J. bo:eŋkjo:

posto n. ⟨post office⟩ J. posuto

po:r n. ⟨ball(in baseball)⟩ J. bo:ru

po:takatopi vi. ⟨do the pole vault⟩ J. bo:takatobi

po:tʃu n. ⟨closely clipped hair⟩ vi. ⟨have clipped hair⟩ J.

bo:dzuatama

R

raito n. 〈right field (in baseball)〉 J. raito

ra:meŋ n. 〈Chinese-style noodles with soup〉 J. ra:meN

ramune n. 〈marbles〉 J. ramune

ranniŋŋu n. 〈sleeveless undershirt〉 J. ranniŋŋu

rapupa n. 〈bugle〉 vi. 〈blow a bugle〉 J. rappa

rapupa:ni vo. 〈drink (something) directly from the bottle〉

ratʃiwo n. 〈radio〉 J. radʒio

refto n. 〈left field (in baseball)〉 J. reɸuto

reko:to n. 〈record, disc〉 J. reko:do

remontʃuri n. 〈an obstacle race〉 J. remontsuri

rensu n. 〈practice〉 J. renʃu:

rensu:ni vo. 〈help someone to practice〉

re:tʃo:ko n. 〈refrigerator〉 J. re:dzo:ko

rikuŋun n. 〈soldier (army)〉 J. rikuŋuN

rija:ka n. 〈pullcart〉 J. rijaka:

S

sako n. 〈garage〉 J. ʃako

samumotʃi n. 〈large wooden spoon〉 J. ʃamodʒi

santaŋ n. 〈hop, step, and jump〉 vi. 〈do the hop, step, and jump〉 J. sandantobi

saru n. 〈monkey〉 J. saru

sarumata n. 〈undershorts〉 J. sarumata

sasimi n. 〈sliced raw fish〉 J. saʃimi

sasimi:ni vo. 〈make sashimi of〉

sasiŋ n. 〈picture〉 vi. 〈take a picture〉 J. ʃaʃiN

sasiŋi: vo. 〈take a picture of〉

sa:to n. 〈third base(in baseball)〉 J. sa:do

satʃumajimo n. 〈Japanese sweet potato〉 J. satsumaimo

sekanto n. 〈second base(in baseball)〉 J. sekando

sekiita n. 〈sluice board〉 J. sekiita

sense n. 〈teacher〉 J. sense:

sense:ni vo. 〈be a teacher of(a class)〉

sensu n. 〈athletic team〉 J. senʃu

seri n. 〈water cress〉 J. seri

simpuŋ n. 〈newspaper〉 J. ʃimbuN

sipa n. 〈green turf〉 J. ʃiba

sipiriŋŋu n. 〈T-shirt〉 J. supuriŋŋu

sipu:ŋ n. 〈spoon〉 J. supu:N

siraik n. 〈strike(in baseball)〉 J. sutoraiku

sirippa n. 〈slippers〉 J. surippa

skijaki n. 〈sukiyaki〉 J. sukijaki

soiju n. 〈soy sauce〉 J. ʃo:ju

so:ko n. 〈warehouse〉 J. so:ko

so:to n. 〈shortstop(in baseball)〉 J. ʃo:to

sotʃuŋijo n.〈graduation(from school)〉 J. sotsuŋjo:

sseŋ n. 〈one hundredth of a yen⇒ cent〉 J. seN

su: n. 〈vinegar〉 J. su

suka:to n. 〈skirt〉 J. suka:to

sumi n. 〈charcoal〉 J. sumi

T

tako n. 〈kite〉 J. tako

takuwaŋ n. 〈pickled raddish〉 J. takuwaN

tama n. 〈electric light bulb〉 J. tama

tamaniŋi n. 〈onion〉 J. tamaneŋi

tamatʃuki n. 〈game of marbles〉 vi. 〈play tamachuki〉 J. ta-
    matsuki

taŋŋo n. 〈dumplings cooked in hot sugared water〉 J. daŋŋo

tapi n. 〈tabi〉 J. tabi

taraji n. 〈washtub〉 J. tarai

tawasi n. 〈scrubbing brush with a handle〉 J. tawafi

tawasi:ni vo. 〈scrub (something) with a tawasi〉

tajiku n. 〈carpenter〉 J. daiku

tajiku:ni vo. 〈do carpentry on〉

tajija n. 〈tire〉 J. taija

tajija:ni vo. 〈put a tire on (something)〉

tajijo: n. 〈cannon〉 J. taiho:

tenuŋi: n. 〈a towel (of Japanese style)〉 J. tenuŋui

tempo: n. 〈telegram〉 J. dempo:

tempura n. 〈doughnut〉 J. tempura

teŋki n. 〈electric light〉 J. deŋki

teŋki:ni vo. 〈give light to〉

tentʃi n. 〈battery (as in a flashlight)〉 J. dentʃi

te:preko:to n. 〈tape recorder〉 J. te:pureko:do

tepukuro n. 〈glove (other than in baseball)〉 J. tebukuro

teppaŋ n. 〈large sheet of iron〉 J. teppaɴ

tessiri n. 〈bench attached to the outer wall of a house〉 J. te-
suri

tiroŋkaŋ n. 〈drum (container)〉 J. doramukaɴ

topiŋ n. 〈teapot, kettle〉 J. dobiɴ

torakku n. 〈truck〉 J. torakku

torikko n. 〈a kind of tamachuki game〉 vi. 〈play torikko〉 J.
torikko

TS

tʃaŋke n. (game of scissors-stone-cloth〉 vi. 〈play chanke〉 J.
dʒankeɴ

tʃampaŋ n. 〈garbage〉 J. dzampaɴ

tʃawaŋ n. 〈rice-bowl〉 J. tʃawaɴ

tʃikoŋki n. 〈record player〉 J. tʃikuoŋki

tʃintori n. 〈a children's game〉 J. dʒintori

tʃippu n. 〈foul tip (in baseball)〉 J. tʃippu

tʃitoːsa n. 〈automobile〉 J. dʒidoːʃa

tʃoːri n. 〈zori type of footwear〉 J. dzoːri

tʃoːriku n. 〈landing in force〉 vi. 〈make a landing in force〉 J.
dʒoːriku

tʃoːrikuːni vo. 〈make a landing in force on〉

tʃoːriju vi. 〈do distilling〉 J. dʒoːrjuː

tʃoːrijuːni vo. 〈distill (something, as to make alcohol)〉

tʃoːsa n. 〈investigation〉 vi. 〈conduct an investigation〉 J. tʃoːsa tʃo:sa:ni vo. 〈investigate〉

tʃukanta e. 〈caught !〉 J. tsukanda

tʃu:moŋ n. 〈purchase order〉 vi. 〈make a purchase order〉 J. tʃu:moɴ

tʃu:moŋi: vo. 〈make a purchase order for〉

tʃuri: vi. 〈cheat〉 J. dzurui

tʃurikkoto n. 〈cheater〉 J. dzuruikoto

U

umeposi n. 〈pickled plum〉 J. umeboʃi

unteŋ n. 〈driving〉 vi. 〈drive〉 J. unteɴ

unteŋi: vo. 〈drive（an automobile)〉

unto:kai n. 〈athletic meeting〉 J. undo:kai

usaŋi n. 〈rabbit〉 J. usaŋi

utoŋ n. 〈noodles cooked in water or coconut milk〉 J. udoɴ

REFERENCES

Ward H. GOODENOUGH & Hiroshi SUGITA（1980）*Trukese-English Dictionary.*
　　Philadelphia: American Philosophical Society.

Hiroshi SUGITA（1989）"Trukese." *The Sanseido Encyclopedia of Linguistics.*
　　Volume 2: 1357-1368. Tokyo: Sanseido Co., Ltd.

Shinji SANADA（1996）"Japanese Loanwords in the Trukese of Micronesia."
　　GENGO-GAKURIN 1995-1996. 45-53. Tokyo: Sanseido Co., Ltd.

（1997.4）

7. 「クレオール」について

1 「ピジン」と「クレオール」

　異なった言語を話す複数の民族が接触・交流する場合、お互いに意思の疎通を図るための操作をするのであるが、そこではさまざまな言語現象が生起する。その一つがピジン（pidgin）と呼ばれる混合言語の発生である。

　その言語の運用においては、上層の（文化的に優位な）言語から大量の語彙が借用されるのだが、音韻・文法など、基本的な部分では土着の言語が使われることが多い。

　16世紀以降、西欧人がアジアやアフリカそしてアメリカ大陸を植民地化していく過程において、現地の人々と西欧人の間で、また現地のプランテーションで働かされた労働者たちの間で、さまざまなピジンが誕生した。

　日本語をベースとするピジンについてもすでにいくつかの事例が報告されている。19世紀後半の横浜で、貿易商人や外交官など、英語圏をはじめとする西欧人と頻繁に接触していた現地の日本人（店主や召使いなど）や華僑との間で一種のピジン日

本語が使われていた。次の例は基本的な文構造は日本語である
が、語彙の多くは英語やフランス語などに由来している（ロン
グ 1999）。

Watarkoosh' nang eye chapeau arimas.
＝私長いシャッポあります。〈私は高帽子がほしい。〉
Num wun youre a shee arimas?
＝ナンバーワン良ろしいあります？〈一番いいものをみたい
んですが。〉
House arimasen. skoshee high kin maro maro arimasu.
＝ハウスありません。少し拝見回る回るあります。〈私の家
はここではありません。少し見てまわっているのです。〉

　この「横浜ピジン」は少なくとも十数年にわたって使われて
いたという。使用したのは外国人だけではなく、日本人もある
程度使っていたようである。
　ところで、ピジンを話す人は、そのピジンの他に自分の母語
（第一言語）も保有している。すなわち二言語併用者（bilingual）
なのである。しかし、生まれたときからこのピジンに接して、
ピジンを母語として運用する世代が存在するようになると、そ
れはクレオール（creole）と呼ばれる言語になる。フランス語系
クレオール、英語系クレオール、スペイン語系クレオール、ポ
ルトガル系クレオールなど、世界中にはさまざまなクレオール
語が存在し、各地で今も使われている。しかし、それらの多く
は欧米系の言語をベースとしたクレオールであり、日本語系ク
レオールの存在については近年までまったく報告がなかった。

7. 「クレオール」について　81

　第8章以降では、新しく発見された日本語系クレオールの実態を報告することにしたい。

　ところで、クレオールの発生条件に関して、田中克彦さんは次のように述べている。

　　クレオール語は、たった一つのことばだけが、正しく、純粋に話されているところには発生しません。二つ、あるいはもっとそれ以上の、発音も文法もまったく異なる言語が出会うところに生じます。そして、まったく通じないのだけれども、お互いに何とかやりくりしているうちに、通じあう間にあわせことばができてきます。しかし、そこで核になるのは、やはり政治的、経済的に支配する優勢な言語の方です。そして、その支配言語はもう一つの言語に対して、より複雑で精緻な文法構造を特徴としています。

　　もし、A、Bという二つの言語が対等な力をもちつつ共通にわかりあえる、第三のC言語を生むのであれば、それはクレオール語とは言わない方がいいと思います。　（田中1999）

2　「クレオール」の定義

　ここで、改めて筆者の立場からのクレオールの定義をしておこう。

　まず、クレオールとされるものは、自立した言語体系をなしていて、その上層言語の話者も基層言語の話者もほとんどまったく理解できないように再編成されている、という点がある。さらには、両言語の接触が歴史的、社会的にはっきりと分かっ

ていることも条件である。その点で、沖縄で使用されるウチ
ナーヤマトグチなどは、ヤマトンチューにもウチナンチューに
も理解が可能なので、クレオールの対象にはならないし、ま
た、日本語自体を（比喩的にではあろうが）さまざまな言語の混
じったクレオール語なのだ、と唱える人がいる。それはしか
し、歴史がまったく不明である点においてクレオールとは言え
ないはずなのである。

参考文献

田中克彦(1999)『クレオール語と日本語』岩波書店

ダニエル・ロング(1999)「地域言語としてのピジン・ジャパニーズ―文
　　献に見られる 19 世紀開港場の接触言語―」『地域言語』11

8.　日本語を上層とするクレオール

　台湾東部宜蘭県の山辺にある原住民族アタヤル(＝タイヤル)
の人々の村。そこでは次のような会話が聞かれる。

　「んた(あなたの意)、どこの人間？」
　「わし、タンオの人間。」
　「おー、トビヨが！」

　タンオは東岳村の旧称「東澳」のこと、ここは飛魚が取れる
ことで有名で、その呼び名のトビヨ(当て字は「多必優」))がそ
のまま東澳の俗称となったのである。東澳駅の前には大きな飛
魚のモニュメントが立てられている。
　この会話は一見日本語のように見えるが、その全体はけっし
て日本語そのものではない。それは現地アタヤル語と日本語と
の接触によって生まれた「新しい言語」なのである。そして、
その担い手は年配者のみならず、その子供世代さらには孫世代
にまで及ぶ、まさにクレオールである。
　2005 年 8 月、大阪大学での教え子、簡月真が花蓮県の国立

東華大学の原住民民族学院に赴任した。周りから宜蘭の言語使用の特異性をめぐる話を聞き、また、宜蘭出身の学生たちを取材するなかで日本語を上層とするクレオールの存在が初めて確認されたのである。簡と筆者は、2007年5月、その存在を初めて学会に報告し、後にこの言語変種を、使用地域の宜蘭にちなんで「宜蘭クレオール」と名付けて、その構造の記述を進めている。

　注意したいのは、これが台湾各地において日本統治時代に日本語を学んだ高年層によって話されている、いわゆる「台湾日本語」とはレベルの異なるものであるという点である。台湾日本語はあくまで日本語の変種の一つであるが、この宜蘭クレオールは、日本語母語話者も、また周辺のアタヤル語の母語話者も理解できないくらいに独自に発達した、一つの「言語」なのである。

　われわれの調査結果からその言語構造をジャンルごとに概観すると、音韻やアクセントは基本的にアタヤル語と同様であるが、基礎語彙は日本語を起源とするものが過半数を超えている（95頁参照）。宜蘭クレオールがアタヤル語を基層（substratum）とし、日本語を上層（superstratum）とするものであることが明らかである。一方、文法ではその単純化や体系の再編成の仕方など、世界のクレオールに共通する傾向も認められる。これまでのクレオールの研究はヨーロッパ諸語が上層となっているものが中心であったが、日本語を上層とする宜蘭クレオールの解明は斯界に新たな知見をもたらすであろう。

　宜蘭クレオールの発生は、その本をただせば、山地に散在していた原住民族を支配に便宜な場所に集住させるという日本統

治時代の集団移住施策に由来するものである。そのためもあって、真正面からそれを論じることが避けられてきた嫌いがある。しかし、現地のクレオール話者の多くは、日本語がどんなに多く入っていようとも、自分たちの使っている言語は両親たちから教えてもらった自分たちが守るべき大切な母語である、と主張している。

その話者の一人である宜蘭県東岳村の村長、謝昌國氏が、このたび、われわれの招聘で来日する。宜蘭クレオールの記述をさらに深める機会である。そして、その成果を地元に還元する方策についても彼とじっくり話し合いたいと思っている。

（2010.8）

9. 台湾「宜蘭クレオール」概説[1]

1 はじめに

　日本の植民地統治とともに台湾に持ち込まれた日本語(標準語および地域方言・社会方言)は、100年以上の長きにわたって現地諸語と接触しながら生き続けてきたわけであるが、その接触によって生起した言語現象には、次の3タイプがある(簡2011)。

①現地語と日本語とのバイリンガルの発生(日本語を話す現在の高年層)
②現地語の中への日本語要素の借用
③現地語と日本語の接触による新しい言語の形成

　このうちの③は、日本語とアタヤル語の接触によるものである。この新しい言語(「宜蘭クレオール」)は、台湾東部、宜蘭県の大同郷と南澳郷の一部の村に住むアタヤル人とセデック人によって用いられているが、その存在も実態もほとんど知られて

いなかった。

　本章では、この言語がまさに「クレオール」であることの検証を旨として、その形成の歴史的・社会的背景、及びその言語構造に関する近年の研究成果の一端を掲げる。

2　宜蘭クレオールの分布、名称

　宜蘭クレオールは、宜蘭県の大同郷寒渓村と南澳郷東岳村・金洋村(の博愛路)・澳花村で主に使われている(図3)。話者数は約3000人と推測される[補1]。

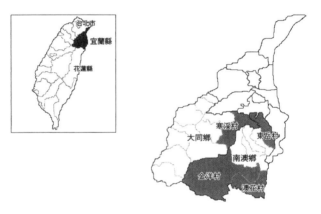

図3　宜蘭クレオールの分布域

　この言語に対して、地元ではさまざまな呼称が存在する。例えば、

寒渓村：kangke no ke、kangke no hanasi、寒渓泰雅語
東岳村：tangow no ke、tangow no hanasi、地方語言
金洋村：kinus no hanasi、博愛路的話
澳花村：zibun no hanasi、日本土話

のごとくである[2]。なお、4村ともに、nihonggo と称して日本語だと捉える人がいる。ただし、例えば1936年生まれの、地元の学校での教員として長年勤務した男性のように、「これはわれわれの母語ではあるが、日本語そのものではない。われわれの母語と正式な日本語とはまったく別のものである」と述べて、日本語と生活語としての宜蘭クレオールとの違いを明確に認識している人もいる。

　ところで、われわれは最初この言語変種を、「日本語を上層言語(superstrate language)として形成されたクレオール」という意味合いで、「日本語系クレオール」と称していたが、これを台湾での高年層におけるリンガフランカとして使われている日本語(「台湾日本語」)そのものを対象にした研究と誤認したり、在日コリアンの日本語や沖縄でのウチナーヤマトグチなどのバイリンガル・ミックスコードと同質のものとみなしたりするような受け取り方が存在する情況をやや危惧もしている。「クレオール」と認定する以上、われわれはこれを独自の言語と捉えている。実際、伝統的アタヤル語を母語とする話者も日本語を母語とする話者も、この言語を聞いてほとんど理解することができない。そのように、体系が極度に再編成されているのである。そこで、われわれはこれを地域にちなんで Yilan Creole(「宜蘭クレオール」)と命名した(Chien and Sanada

2010)。ちなみに、台湾言語の研究者たちもこの言語を「クレオール」と認定している(土田 2008、洪 2010)。

　ここで、宜蘭クレオールによる会話の一斑を掲げよう。話者は、高年層 A・B(男性 1931 年生まれ・女性 1933 年生まれ)と高校生 C(男性 1995 年生まれ)である。

　　C：akong, anta raran no…anta raran ga nani no tiyaw sigo-
　　　　toteru(おじいちゃん、あなた、昔の、あなた、昔は何の
　　　　お仕事をしてたの?)
　　B：yama ha(山だよ。)
　　A：raran yama ano(昔、山、あの。)
　　B：minna onci umah umah ha raran(みんな、私たち、除
　　　　草、除草、え、昔)
　　C：nani uyeteru?(何を植えてた?)
　　B：ima ga nay mo(今はない、もう。)
　　C：raran ga nani no mono(昔は何を。)
　　B：musa ta umah ngahi！utux mabi mita aw(行く、私た
　　　　ち、除草、薩摩芋よ！一つ、寝る、見るよ(薩摩芋畑の
　　　　番をする)。)
　　C：ngahi(薩摩芋。)

3　宜蘭クレオール運用の社会的状況

　この地における言語運用には地域差や個人差も存在してはいるが、その傾向について、東岳村の場合を例にとると、表3のようになる。

9. 台湾「宜蘭クレオール」概説 91

表3 東岳村における言語運用の概況

生年			
1930〜1939	1940〜1949	1950s〜1970s	1980年以降
（セデック語／ アタヤル語） （日本語） 宜蘭クレオール	宜蘭クレオール （中国語）	宜蘭クレオール 中国語	（宜蘭クレオール） 中国語

注 （ ）は全体的に当該言語が他の言語ほど使われていない、もしく
は使えないことを示す。

　1940年以前に生まれた人の中には、日本語が話せる人が多
く、この世代はまた宜蘭クレオールも流暢に操っている。ただ
し、エスニックグループ言語としてのアタヤル語が話せる人は
少なく、また、セデック語が話せる人も今のところ見当たらな
い（他村の澳花村にはセデック語を話せる人が存在するが）。
　ちなみに、1936年生まれの男性は、幼いころから両親とは
「日本語」で話してきたためにアタヤル語はほとんど話せない
と言う。そして、親の話した「日本語」は学校で習った「日本
語」とは異なってアタヤル語の要素が混じっていたとも内省し
ている。この1936年生まれの男性の親世代（1910年代〜1920
年代生まれと推定）が使っていた「日本語」は現在の宜蘭クレ
オール形成直前の段階の接触言語（contact language）なのでは
ないかと考える。
　1940年代〜1950年、また1950年代〜1970年代生まれの多
くは、幼い頃から宜蘭クレオールを使ってきたと言う。例え
ば、東岳村生え抜きの1947年生まれの女性は、幼い頃から両
親（1924年生まれ・1925年生まれ）と宜蘭クレオールを使って

きたし、子供たち(1960年代〜1970年代生まれ)とも宜蘭クレオールで話していると証言している。

1980年以降生まれの世代では、その多くは宜蘭クレオールが話せなくなり、中国語が主要言語となっている。台湾原住民族語の多くが消滅しつつあるのと同様、この宜蘭クレオールの話者も減少していることは確かである。

4 宜蘭クレオール形成の歴史的背景

クレオールを使用する4村の住民たちは、もともとは宜蘭県南澳郷の山奥にそれぞれ分かれて住んでいた人たちである。かつて山の中で狩猟採集を中心とした生活をしていた。その後、日本植民地当局は、1910年代から宜蘭地域においても原住民族集団移住施策を推進した。山奥で暮らしていた人々を、支配しやすくするために、交通の便のいいところに集住させるという施策である。その過程で、宜蘭地域においては、同じ地区にありながらも個別に生活していたアタヤル人とセデック人が新たな集落にまとめられたのであった。

アタヤル語とセデック語は、いずれもアタヤル語群に属してはいるが、互いの間ではほとんど通じ合わないくらいに異なっているとされる(李1996)。東岳村の場合、住民が現在の地に移り住んで共同生活を始めたのは1913年からのことであるが、その2年後の1915年に「教育所」が設置され、この地で日本語教育が始まった。お互い十分には通じ合わない言語を使用するアタヤル人とセデック人が、コミュニケーションをとるために、その「教育所」で、あるいは日本人との接触のなかで身に

付けた簡略な日本語を、互いのリンガフランカ（共通語）として使い始めたのではないかと推測される。しかし、日本語がまだ完全に普及していなかったため、アタヤル語とセデック語の要素が混じったハイブリッドな言語が形成された。

　この地域において、アタヤル語とセデック語は長きにわたって接触してきたのであるが、その接触の結果、次のような二つの言語変化が生じたと考えられる。一つは、マイノリティであったセデック人のセデック語のアタヤル語へのシフト（language shift）。そして、もう一つはリンガフランカとしての宜蘭クレオールの誕生（language creation）である。

　なお、セデック語がアタヤル語に言語シフトした現象については、次のような貴重な記録が残っている。「リヨヘン社のTausa はこの蕃社の大多数を占むるに拘らず、著しく Məbəala の影響を蒙り、日常語には固有語を使用せず Məbəala 語を用ひている状態である」（台湾帝国大学土俗人種学研究室 1935）。Məbəala はアタヤル語 C'uli' 方言であるが、この記述から、リヨヘンという社において、セデック語がアタヤル語にシフトしたことが分かる。ほかの「社」でも似たような情況が観察されたのかどうかについてはさらなる追究が必要であるが、1910年代以降に形成された集落（現在の寒渓村・東岳村・金洋村・澳花村）では、新しい言語を誕生させる、という異なったタイプの変化を生じさせることになったわけである。

　そして、その新しい言語を第一言語とする世代が生まれ、その後、それが継承されるなかで体系を再編成しつつ発展したのである。その発展の最大の要因は、日本の敗戦によって日本人が撤退し、日本語母語話者による影響が途切れたことに求めら

れる。もし日本語が被さったままであったなら、いったん形成
されたクレオールも脱クレオール化で日本語に合流したことで
あろう。標準的日本語との関係が途切れ、その上に中国語が被
さってきた結果、クレオールは、この地で独自に維持され、単
純化や合理化などの再編成が行われたのである。一方ではクレ
オールが中国語に干渉されて変形する傾向も認められる。この
地域は、まさにクレオールの進行中のプロセスを眼前において
示してくれているのである。

5　宜蘭クレオールの言語的特徴

　まず、ジャンルごとに、その言語的特徴を要説する。

5.1　音韻

　宜蘭クレオールにおける子音音素と母音音素は、次のとおり
である。

《子音》　　/p, t, d, k, ', c, b, s, z, x, g, h, m, n, ng, l, r, w, y/
　　　　　で、そのうち、/', c, b, g, ng/はそれぞれ［ʔ, ts,
　　　　　ß, ɣ, ŋ］である。
《母音》　　/i, e, a, o, u/

　子音については、宜蘭地域のアタヤル語 C'uli' 方言と同様
に、口蓋垂破裂音の［q］を持っていない。ただし、C'uli' 方言
にはない歯茎破裂音の［d］を持っている。/d/は denki "電気"
や denwa "電話" など日本語を起源とする語彙にしか観察さ

れていない。したがって、この/d/の存在は日本語の影響と判断できる。母音も、アタヤル語 C'uli' 方言と同様、/i, e, a, o, u/である。なお、/u/は円唇音でアタヤル語と同じである。

アクセントは非弁別的で、最後の音節、ないし最後から2番目の音節に置かれる。

5.2 　語彙

基礎語彙における語種の比率は、ほぼ次のようである（ただし、話者の属性や計数の仕方によって、この出現比率には相違が生じる。なお、12章での注も参照のこと）。

日本語起源の語：約65 %
アタヤル語起源の語：約25 %
中国語・閩南語起源の語：約10 %

なお、1930年代における南澳地域の人口比率は、アタヤル人85.7 %、セデック人14.3 %である（台湾帝国大学土俗人種学研究室 1935）。宜蘭クレオールにセデック語の影響がほとんど認められないのは、このようにセデック人がマイノリティであったことが関与していると考えられる。

5.3 　語順

アタヤル語の語順は VOS であるが、宜蘭クレオールは日本語と同様に SOV が基本である。ただし、アタヤル語的な VOS 構文も特に話しことばにおいて現れることがある。次のようである。

tabeta mo gohang anta?〈あなた、ご飯食べた？〉

また、SVO 構文も一部に散見する。次のようである。

anta wakaru are icu ngasal kuru no?〈あなたは彼がいつ家
に来るか分かる？〉
are kutanta utux biyak.〈彼は一頭の猪を殺した。〉

これらは、クレオールとしての普遍的な語順が現出したもの
なのか、あるいは傍層言語である中国語の定型表現の干渉があ
るのか、その検討が今後の課題である。

5.4　格標示

世界のクレオールの多くは格標示がなされない。宜蘭クレ
オールもゼロ格もしくは格の省略が見られるが、ni、de、to、
no、kara などの使用は観察される。なお、アタヤル語とセ
デック語は前置詞標示であるが、宜蘭クレオールは基本的に日
本語と同じく後置詞標示である。

6　言語体系の再編成

以下、言語体系の再編成の一斑を、東岳村における事例から
掲げる。

6.1　意味の包括化《'ba》

日本語では、「手」は「手」を指すとともに、「腕」「肘」「手

9. 台湾「宜蘭クレオール」概説　97

首」「指」などの上位概念でもある。そして、「手」「腕」「肘」
「手首」「指」などを表す個別の形式が存在する。この体系はア
タヤル語においても同様である。しかし、表4に示すように、
宜蘭クレオールでは、「手」「腕」「肘」「手首」「指」を個別に
表す形式が存在せず、すべて 'ba で表す。すなわち、宜蘭クレ
オールにおいては、「腕」「肘」「手首」「指」などの概念が分化
せず、'ba によって包括されているのである。

表4　《'ba》の意味

宜蘭クレオール	日本語	アタヤル語
'ba	手	'ba
'ba	腕	piying
'ba	肘	hiku
'ba	手首	ho'i
'ba	指	tloling

注　表でのアタヤル語は、宜蘭県金岳村で使われるものである。

　このように下位概念を分化せずに上位概念だけで包括的に表
すことは、世界のクレオールにおいて一般的な特徴として指摘
されている点でもある。

6.2　形態の統一《-suru》[補2]

　日本語では、「する」は主として動名詞について複合動詞を
作る。しかし、宜蘭クレオールにおいては、「する」由来の
suru は、単独使用が認められず、形式動詞のみになっている
点が特徴である。次のように、行為や動作を示す名詞に付いて

派生動詞を作り出す。(　)内は、それぞれの形式に対応する日本語訳を表す。

(1)sayhosuru(裁縫する＝縫う)
(2)kusisuru(櫛する＝梳く)
(3)kisyusuru(キスする)
(4)hanasisuru(話する＝しゃべる)
(5)kukisuru(空気する＝呼吸する)
(6)yumesuru(夢する＝夢見る)
(7)bikurisuru(吃驚する)
(8)bakasuru(馬鹿する＝軽蔑する)

　suru は、さらに、次のように状態、情況を示す場合にも付くことがある。

(9)denwa ringsuru(電話が鈴する＝電話が鳴る)
(10)hana akesuru mo(もう花が開けする＝花が咲いた)
(11)asasuru(朝する＝朝になる)
(12)bangsuru(晩する＝暮れる)

　(10)における mo は、日本語の副詞「もう」に由来するが、アタヤル語での、文末に付いて状況・事態の変化・発生を示す la に対応するものとして機能しているようである。mo についての分析は今後の課題としたい。
　なお、(11)と(12)に関しては、東岳村生え抜き 1974 年生まれの女性は、「これは朝や晩になる直前を表す言い方である」

と内省しているが、高年層の人々は、「この表現は使わない、この場合には、asanaru、bangnaru とのみ言う」と報告している。この点に関しては、以下での記述を参照されたい。いずれにしても、suru の意味用法は無意志動詞にまで拡大しつつあるのである。

suru はまた、次のように、形容詞や動詞にも付くことが認められる。

(13)cisaysuru（小さい＋する＝縮める）

(14)ratunsuru（短い＋する＝短くする）

(15)kiluxsuru（熱い＋する＝温める）

(16)ucusuru（打つ＋する＝打つ）

(17)nerusuru（寝る＋する＝寝る）

(18)yasumusuru（休む＋する＝休む）

(14)での ratun、及び(15)での kilux はそれぞれアタヤル語由来のいわゆる形容詞である。suru がこれらに付くのは、宜蘭クレオールの基層言語であるアタヤル語において、いわゆる形容詞が動詞（「静態動詞」）として範疇化されている[補3]ことと関係がある。

(16)、(17)、(18)は、それぞれ日本語由来の動詞にさらに suru が付いている例である。動詞単独での ucu、neru、yasumu の形も存在するので両形が併存していることになる。

なお、どちらかと言えば、ucusuru、nerusuru、yasumusuru は若い世代に用いられる形で、高年層には、この形について、「この頃の若い者は変な言い方をする」などと批判する者

がいる。このことは大変に興味深い事象である。若い世代では、suru をマーカーとして、動詞の形態を統一しようとする動きが進行していると考えられるからである。このイノベーションについてはどのように考えるべきであろうか。

　suru を付加した形の意味づけに関して、現地の若い世代に、「その行動をする寸前（将然相）」「その行動をしようとする」といった意味を表すとの内省をする者がいる。この報告に注目したい。すなわち、nerusuru（寝る）であれば、「寝る寸前」、ないし「寝ようとする」という意味になるわけである。これはまさに、アスペクトとムードの組み合わせを基軸とするアタヤル語の言語運用（本書 146 頁参照）そのもの、とも言える。

　日本語由来の動詞に接辞の suru を付加することで、その行為の様態をより具象化する、という動きが進行しているのである。その観点からすれば、ここに、日本語から離脱し、基層言語の枠組みへと再編成しようとする志向の一端が垣間見えるようにも思われるのである。

　以下、suru の活用について、denwasuru（電話する）の場合を例に考察しよう。

　否定形の具体例は、次のようである。

(19) kyo no asa denwasinay（今朝、電話しなかった）
(20) kyo no bang denwasang（今晩、電話しない）

　(19)の発話例は、発話時より前（すなわち既然）の行為を表現するものであり、(20)の発話例は発話時より後（すなわち未然）の行為を表現するものである。sinay は標準日本語の「しな

い」に由来する形であり、sang は西日本方言の「せん」に由来する形である。sinay と sang の使い分けの規則性に関しては、第13章を参照されたい。

意志形の具体例は、次のようである。

(21)asta denwaso(明日、電話しよう)

過去形・テイル形の具体例は、次のようである。

(22)denwasita / denwasta / denwata(電話した)
(23)denwasitoru / denwastoru / denwatoru(電話している)

(22)(23)ともに、si の i が無声化を経て脱落し、結果、ø(ゼロ)になったのである。

命令形の具体例は、次のようである。

(24)denwasye(電話しなさい)

表5 《-suru》の活用

基本形	suru
否定形	sa(-ng) / si(-nay)
意志形	so
過去形・テイル形	si(-ta)・si(-toru)
命令形	sye

以上をまとめると、宜蘭クレオールの-suru の活用は、表5のようになる。

これは、基本的には日本語西日本方言でのサ行変格動詞の活用を踏襲しつつ、新しく再編成された混合活用なのである。

　命令形の sye は西日本方言でのサ行変格動詞の命令形セイに由来すると考えられる。ただし、否定形における sa や意志形における so の出現などを勘案すると、そこにはサ行五段動詞（例えば「探す」「返す」「起こす」「壊す」「殺す」など）の活用への類推が働いていると考えられる。

　一方では、日本語の五段動詞由来の語の基本形 – su が、次のように、– suru にも変形していることに留意したい。ここにも両活用形の混交の一斑がうかがわれるのである。

　sagasu ＞ sagasuru（探す）

　kayesu ＞ kayesuru（返す）

　okosu ＞ okosuru（起こす）

　kowasu ＞ kowasuru（壊す）

　korosu ＞ korosuru（殺す）

7　おわりに

　言語接触の結果として生まれたクレオールをめぐる研究は、言語の変化や言語の普遍性など言語の本質を探究する上で貴重な材料を提供してきた。ただし、これまでの研究事例では、主に欧米諸語を基盤としたクレオールが取り上げられるのが一般であった。環太平洋地域のクレオールについて論じている Ehrhart and Mühlhäusler（2007）においても、台湾での情況については触れられていない。これまでの研究で取り扱われた言語

の類型・系統とは異なる、このアタヤル語と日本語の接触による宜蘭クレオールの解明は斯界に貴重な研究事例を提供するものとなろう。

注

(1) 本章は、簡月真との共同執筆である。

(2) 宜蘭クレオールの音韻体系及び韻律は、その周辺に分布する伝統的アタヤル語と基本的に同様である。したがって、その語句の表記に当たっては、アタヤル語の書写で用いられる記号（ローマ字）を採用することにした。なお、これは、台湾行政院原住民族委員会及び教育部が 2005 年 12 月 15 日に公布した「原住民族語言書寫系統（原住民族言語表記法）」の「泰雅語書寫系統」に従ったものである。

参考文献

簡月真(2011)『台湾に渡った日本語の現在―リンガフランカとしての姿―』東京：明治書院

洪惟仁(2010)「宜蘭地区的語言分布與語言地盤的変遷」『台灣原住民族研究季刊』3(3): 1-42.

台湾帝国大学土俗人種学研究室(移川子之蔵・宮本延人・馬淵東一)(1935)『臺灣高砂族系統所屬の研究』東京：刀江書院.

土田滋(2008)「日本語ベースのクリオール：アタヤル語寒渓方言」『台湾原住人研究』12: 159-172.

李壬癸(1996)『宜蘭縣南島民族與語言』宜蘭：宜蘭縣政府.

Chien, Yuehchen and Sanada, Shinji (2010) Yilan Creole in Taiwan. *Journal of Pidgin and Creole Languages*, 25(2): 350-357.

Ehrhart, Sabine and Mühlhäusler, Peter (2007) Pidgins and Creoles in the Pacific. In: Osahito Miyaok, Osamu Sakiyama and Michael E. Krauss (eds.) *The vanishing languages of the Pacific Rim*, 118-143. Oxford: Oxford University Press.

(2012.7)

補注

(1) 宜蘭県政府の統計(2018 年 2 月現在)では、4 村の人口は 3,225 人である。クレオールを話せない若年層の存在に加え、これらの村のなかにはもともとクレオールを使用しない地区があること(金洋村の金洋路など)を考えれば、現在の宜蘭クレオールの話者数は、多く見積もっても 3,000 人ほどであろう。

(2) 6.2 の内容には、真田信治「日本語系クレオール語(Yilan Creole)の形式動詞・覚書」(『形式語研究の現在』和泉書院 2018)における記述の一部を取り込んでいる。

(3) 黄美金・呉新生(2016)『泰雅語語法概論』(台湾)原住民族委員會を参照のこと。

10. クレオール話者たちの言語権主張

　台湾では、原住民族語の普及政策の一環として、2001 年から原住民一般を対象とした「原住民族語言能力認証考試」という検定試験が実施されるようになった。そして、2007 年からは中学生・高校生を対象とした「原住民学生升学優待取得文化及語言能力証明考試」という検定試験が始まった。これに合格した者には高校や大学の入学試験の点数が、表 6 のように 35% プラスされるという政策が打ち出されたのである。

表 6　原住民族諸語の使用奨励政策の一環

	2007 年	2008 年	2009 年	2010 年	2011 年	2014 年〜
合格者優待率	35%	35%	35%	35%	35%	35%
不合格者優待率	25%	25%	25%	20%	15%	10%

　表 6 によれば、不合格者にも本来の優待はあるが、その優待率が次第に下げられていることが分かる。それだけ原住民族語の普及が強く奨励されるようになったわけである。

なお、2001 年からの「原住民族語言能力認証考試」では当初宜蘭県の大同郷と南澳郷の一部の村で話されている言語変種（宜蘭クレオール）は含まれていなかったが、2006 年の春に大同郷の寒渓村の有志が積極的に自分たちの「言語権」を主張した結果、その言語変種がアタヤル語（泰雅語）の一方言としての「寒渓泰雅語」という名目で認定され、「原住民学生升学優待取得文化及語言能力証明考試」に加えられることになった。

そして、2006 年の末にテキスト「宜蘭寒渓泰雅語学習手冊第 1 階、第 2 階、第 3 階」が作成され、2007 年 2 月には寒渓国民小学校で試験準備のための最初の研修会が開催された。その研修会の模様はビデオに収録することができた（真田・簡 2008）。

ここでは、そこでの練習帳から、生活会話例として掲げられていた文章の一部を摘出して示そう。

A：anta bla ga ?（あなた、元気？）

B：waha, bla, anta ga ?（私は元気よ。あなたは？）

A：waha mo bla, aligato !（私も元気よ。ありがとう！）

A：anta seyto ga ?（あなたは生徒か？）

B：so, waha ga seyto.（はい、私は生徒です。）

A：zibun mo seyto ga ?（あの人も生徒か？）

B：cigow, zibun ga sinsiy.（いいえ、あの人は先生です。）

A：anta no namay ga dare ?（あなたの名前は何？）

B：waha no namay ga Yaway.（私の名前は Yaway です。）

A：anta nansay mo？（あなたは何歳になった？）

B：waha yuhasay mo.（私は18歳になりました。）

A：antataci no ngasan name suley aru？（あなた方の家には何人の人がいる？）

B：waha no ngasan gome suley aru.（私の家には5人の人がいます。）

A：anta no ngasan doko aru？（あなたの家はどこにある？）

B：waha no ngasan mayah aru.（私の家は山の上にあります。）

A：anta asta doko iku？（あなたは明日どこに行く？）

B：waha asta rato iku.（私は明日羅東に行きます。）

A：wagi retesta mo！（お日様が出てきた！）

B：wagi myasa ga？（お日様はきれいなの？）

A：so！yaba myasa.（はい！　とっても綺麗です。）

A：walax mo！anta kasa moti sta？（雨が降ってきた！　あなた傘もってきた？）

B：so, waha kasa moti sta.（はい、私は傘を持ってきました。）

okile!（起きなさい！）

tameyste yube!（言ってみなさい！）

suwale!（座りなさい！）

（日本語訳は筆者）

　しかし、その後 2009 年 7 月 22 日に、寒渓アタヤル語の位置
づけに関する原住民族委員会での会議が開催され、そこでの検
討の結果、2011 年度からは「寒渓泰雅語」が検定試験の対象
から排除されることが決定した。その理由は、

・寒渓村内部でのコンセンサスができていない。
・この言語はアタヤル語の方言とは言えないのではないか。
　（伝統的アタヤル語を正当なものとみなす一部の人々がこの
　言語の検定試験への採用に反対している。）

などといった点にあったようである。なお、寒渓村以外の 3 村
の言語的バリエーションが配慮されていない（寒渓村の体系だ
けが対象にされている）という点も問題であったと思われる。
　いずれにしても、この決定によって、当該村の話者たちの言
語権が無視されることになったのである。言語の伝承が自分た
ちの母語ではない伝統的アタヤル語にすべきである、といった
外部の声に圧倒され、話者たちは葛藤のさなかにいる。当該村
の児童・生徒たちは学校で伝統的アタヤル語を学ぶ（週に 1 時
間のレッスン）が、祖父母や両親は伝統的なアタヤル語は話せ
ないのである。彼らにとっては、まったく話せない言語によっ
て検定試験に臨まなくてはならないといったジレンマもそこに
存在しているのである。
　なお、われわれの研究に応じて、東岳村の青年たちが、自分

たちのアイデンティティを確立するために、村の言語生活史についてのドキュメンテーションを作ってほしいと要望してきた。その願いを受けて、国立東華大学原住民民族学院の民族語言與伝播学系での企画として、村の言語生活と言語意識に関するドキュメンタリー映画を制作するプロジェクトが進められている[補1]。筆者もその作業に協力をしているところである。

参考文献

真田信治・簡月真（2008）「台湾の日本語クレオール」『言語』37-6

(2015.3)

補注

(1) 国立東華大学原住民民族学院の簡月真さんの主導のもとで、そのドキュメンタリー映画が完成し、2018年3月にYouTube上に公開された。題名は「泰雅の飛魚―宜蘭克里奥爾」である。参照されたい。https://www.youtube.com/watch?v=4x8ssD8FeW0（タイヤルのトビウオ）

また、宜蘭クレオールを母語とする国立東華大学原住民民族学院の学生、劉紹萱さんらが、簡月真さんの授業を受けて一念発起し、自分たちの村（澳花村）の言語実態とアイデンティティを描くドキュメンタリー映画を民族語言與伝播学系での卒業制作として完成させた。その映画もYouTube上に公開されている。題名は「迷跡 MICI」。mici はクレオールでの語であるが、日本語の「道」に由来する。この題名そのものが宜蘭クレオールの歩みと将来を、まさに象徴的に表していよう。https://www.youtube.com/watch?v=4ZsaZr1wpfE（台湾タイヤル族：劉招萱さん「ニホンゴ」研究）

ちなみに、「宜蘭クレオール」という用語は、現在、話者たちの視点からのものにもなりつつある。

11. 宜蘭クレオールの音韻体系

1 音声と音韻

　宜蘭クレオールの音韻体系及び韻律は、その周辺に分布する伝統的アタヤル語と基本的に同様であるので、その音韻表記に当たっては、アタヤル語の書写で用いられる記号（ローマ字）を採用することにした。

　それぞれの文字に対応する国際音声字母は、以下の通りである。上の行は書写文字、下の行はIPA（国際音声字母）を表す。

子音（17 個）

p	t	k	'	c	b	s	z	x	g	h	m	n	ng
[p]	[t]	[k]	[ʔ]	[ts]	[ß]	[s]	[z]	[x]	[ɣ]	[h]	[m]	[n]	[ŋ]

d	r	l
[d]	[r]	[l]

半母音（2 個）

w	y
[w]	[j]

母音（5 個）

i	e	a	o	u
[i]	[e]	[a]	[o]	[u]

1.1　子音音素とその音声

　子音には/p, t, k, ', c, b, s, z, x, g, h, m, n, ng, d, r, l/ の 17 個が観察される。このうち/', c, b, g, ng/に対応する音声は、それぞれ［ʔ, ts, ß, ɣ, ŋ］である。

　ここには、周辺のアタヤル語 C'uli' 方言と同様、/q/（口蓋垂破裂音の［q]）が認められない。また、日本語に存在する特殊な音素/R/（長音）や/Q/（促音）も認められない。

　一方、/d/はアタヤル語系の言語には存在しない音素である。なお、/d/（歯茎破裂音の［d]）の所属語彙は、handay〈飯台→テーブル〉、dare〈だれ〉、denwa〈電話〉、daykong〈大根〉など、すべて日本語由来のものである。したがって、この音素は日本語の影響で生じたものと考えられる。

　ただし、一部の青年層においては、

handay＞hanray
dare＞rare, lale
denwa＞lenwa

11. 宜蘭クレオールの音韻体系　113

のように、所属語彙を/r/ないし/l/に分属させ、/d/を消去させ
ようとする動きが観察される。このような動きに関しては傍層
としての台湾語ないし中国語からの干渉があるのではないかと
考えている。

　なお、宜蘭地域のアタヤル語 C'uli' 方言には/z/が欠如して
いることに関わって、宜蘭クレオールでの/z/に属する語のす
べてが日本語由来のものであるという点も指摘しておきたい。

1.2　半母音音素とその音声

　半母音は/w, y/の2個である。いずれも子音と母音の間にも
現れる。y の音声は［j］であるが、その音素表記に当たって
は、アタヤル語の書写に用いられる記号 y を用いた。

1.3　母音音素とその音声

　母音は日本語と同様、/i, e, a, o, u/の5個である。ちなみに、
これはアタヤル語の母音体系とも同様である。なお、/u/の音
声は唇の丸めを伴う［u］で、日本標準語とはやや異なる。

2　音韻対応

　以下、日本語由来の語の変容(音的置換)の諸相について、個
別に記す。

2.1　音的代用

　まず、日本語由来の語が宜蘭クレオールの構成要素となった
折の音的代用(sound substitution)について述べる。

宜蘭クレオールの音韻構造として、語中に母音が連続しない
という点があげられる。また、宜蘭クレオールの音韻体系に
は、特殊音素/R/（長音）と/Q/（促音）が存在しない。したがっ
て、このような音を持つ日本語由来の語彙はその音的フィル
ターによって変形させられるわけである。その置き換えの措
置、方法は、次のようである。

①半母音による代用、または挿入によって対処する。
　　語例：yasay　〈野菜〉
　　　　　oysi　　〈おいしい〉
　　　　　arawu　〈洗う〉
　　　　　koye　　〈声〉
　　　　　kawo　　〈顔〉
　　　　　awu　　　〈会う〉

②特殊音素/R/を脱落させる（長音を短呼化する）。
　　語例：cisay　　〈小さい〉
　　　　　oki　　　〈大きい〉
　　　　　byoki　　〈病気〉
　　　　　esesyo　〈衛生所〉
　　　　　yugi　　　〈遊戯→踊り〉

③特殊音素/Q/（促音）を脱落させる。
　　語例：kekong　〈結婚〉
　　　　　ipay　　〈いっぱい〉
　　　　　basay　　〈伐採〉
　　　　　bateli　　〈バッテリー〉

11. 宜蘭クレオールの音韻体系　115

　ただし、促音に関しては、音素/'/（声門閉鎖音の［ʔ]）を促音の代用として用いる場合がある。

　語例：sye'ken〈石鹸〉

2.2　対応傾向

　ここでは、体系上の音韻対応ではないが、音声の対応上における傾向性について述べる。

　まず、上でも触れたが、【d＞r】には、次のようなものがある。

　語例：oren　　　　〈おでん〉

　　　　oranggo　　〈おだんご→水団〉

　　　　cyarangsu　〈茶箪笥〉

　　　　sayra　　　〈サイダー〉

　　　　mara　　　〈まだ〉

　　　　kyoray　　〈兄弟→家族/親戚〉

　一方、【r＞l】も見られる。ただし、語末音節の場合に多い。

　語例：toli　　〈鳥〉

　　　　kyuli　〈きゅうり〉

　　　　hali　　〈針〉

　　　　kiley　〈きれい〉

　　　　sakula〈桜〉

　　　　salu　〈猿〉

【c＞cy】

アタヤル語の/c/の音声は［ts～tʃ］に揺れる由である（土田1988）が、宜蘭クレオールで、日本語の/c/に/cy/が対応する語例が存在する。

　語例：pangcyu　　〈パンツ〉

　　　　tecyu　　　〈鉄〉

　　　　kucyu　　　〈靴〉

　　　　cyuba　　　〈唾〉

この点は/s/の音声に関しても同様で、日本語の/s//z/に、/sy//zy/が対応する語例が存在する。

　語例：syara　　　〈皿〉

　　　　syuripa　　〈スリッパ〉

　　　　syozi　　　〈掃除〉

　　　　misye　　　〈店〉

　　　　mizyu　　　〈水〉

　　　　kanzyo　　〈肝臓〉

しかし、これら口蓋化音をそれぞれ異音とする立場をとるならば、音素/cy/や/sy//zy/を別立てする必要はないのかもしれない。

　その他、同様の音声の対応上における傾向性としては、以下のものがある。

【n＞ng】
　語例：mikang　　〈みかん〉
　　　　bing　　　　〈瓶〉
　　　　takusang　〈たくさん〉
　　　　tangsu　　〈箪笥〉
　　　　mongpey　〈もんぺ→女性用ズボン〉
　　　　pangcyu　〈パンツ〉

3　訛語（単語の形態）

　傾向性とまでは言えないが、ある語の音韻への所属が異なっている、つまり単語の形態の問題として処理できるものをここに掲げる。いわゆる訛語のレベルのものである。

【hi＞gi】
　語例：gito　　　〈人〉
　　　　giru　　　〈昼〉
　　　　agiru　　〈家鴨〉

　これはおそらく日本語の/hi/の子音の音声が［ç］であることに関わって、同じ口蓋摩擦音である/g/（［ɣ］）に対応させたものであろう。

【ryo＞zyo】
　語例：cizyo　　〈治療〉
　　　　zayzyo　〈材料〉

これについては、日本語の/r/の音声が弾音の［ɾ］であることに関わる対応なのではないかと考える。

【無声化音に対応】

　日本語のいわゆる無声化音に応じて、母音の脱落する場合がある。次のようなものである。

　　kop　　〈コップ〉

　　rosok　〈蝋燭〉

　　garas　〈ガラス〉

　　hos　　〈干す〉

　　asta　　〈明日〉

　　skosi　〈少し〉

　最後の語例は、さらにkosiへと変形している。いずれにしても、これらの様相は、宜蘭クレオールの語彙が口頭語からの借用であることの証左となろう。

4　アクセント

　アクセントは非弁別的で、語末の音節、ないし語末から2番目の音節に置かれる。ただし、両者で音韻的な対立は存在しない（真田 2013）。

　ところで、アタヤル語では、語末の音節にアクセント（強勢）が置かれる。いわゆる一型アクセントである。また、セデック語では、語末から2番目の音節にアクセントが置かれる。一方、宜蘭クレオールでは、個人的に、かつ個人の中において

も、アクセントの置かれる位置が揺れる傾向が指摘される。

　ここに、音調に関する、アタヤル語とセデック語の混淆を認めうるのである。すなわち、語末から2番目の音節にアクセントが置かれるという事象は、セデック語の微かな残影なのではないかと考えるのである。この点についての検証が今後の課題である。

参考文献

真田信治(2013)「宜蘭クレオールの音韻覚書」*Journal of PolicyStudies* No.44
土田滋(1988)「アタヤル語」『言語学大辞典 第1巻』三省堂

(2015.3)

12. 宜蘭クレオールの"衣食住"語彙

1 はじめに

　本章で扱うデータは、宜蘭県東岳村生え抜き(1974年生ま
れ)の女性Yさんによるものである。Yさんは日本語がまった
く話せない。宜蘭クレオールを第一言語として育ち、現在は宜
蘭クレオールと中国語とのバイリンガル生活を送っている。高
年層の人々のような日本語教育を受けてはおらず、日本語が話
せないために日本語コードとクレオールとを混合して答える危
惧はない。

　データ収集は、共同研究者の簡月真とともに、中国語文を項
目ごとに翻訳してもらう形で、2008年6月から2010年2月ま
で断続的に行った。調査項目の設定、調査表の作成に当たって
は、主に次の文献を参考にした。

　平山輝男(1979)『全国方言基礎語彙の研究序説』明治書院

　調査において、Yさんが、そのようなレファレント(概念)は

かつて存在しなかったとし、中国語の発音のみで答えた（中国語コードに切り換えた）ものが多くあった。そのような項目を除いた約1400項目に対する語形・語句を「宜蘭クレオール」の基礎語彙資料と認定して、「語彙集」を作成した[1]。

　本章は、この語彙集に収録した資料のうち、対象を「衣・食・住」語彙にしぼって考察するものである。

2　「衣類」分野の語彙の実態

　「衣・装」をめぐって対象にしたのは77項目である。

　これらのレファレントに対して、単純語や複合語ではなく、句でもって応じられたものは、次の8項目であった。（排列はランダムである。以下同様。）

　「仕事着：sigoto no lukusi」、「新装品：atarasi no lukusi」、「ワイシャツ：labu no lukusi」、「汚れ物（汚れた衣服）：moro no lukusi」、「ロングスカート：nagay no hakama」、「ロングヘア：nagay yunox」、「ショートカット：latun yunox」、「指輪：nba oku no king」

　ここでは、単純語・複合語を対象に、語種（語の出自）の面から「衣類」分野の語彙を分類しよう。

(1) 日本語

　「スカート：hakama」、「ズボン：pangcyu」、「下着：nakapangcyu」、「女性用ズボン：mongpey」、「外套：oba」、

「背広：sebiro」、「ベルト：obi」、「ネクタイ：nekutay」、「ボタン：botang」、「濯ぐ：usugu」、「糊：noli」、「干す：hos」、「たたむ：tatasuru」、「着る：haku」、「穿く：haku」、「被る：haku」、「傘：kasa」、「靴：kucyu」、「雨靴：amakucyu」、「スリッパ：syuripa」、「下駄：geta」、「靴下：kucyusita」、「靴紐：gomu」、「糸：ito」、「解く：akesuru」、「縫う：sayhosuru」、「箱：hako」、「鋏：hasami」、「裁縫：sayho」、「ミシン：mising」、「頭髪セット：seto」、「ヘアピン：tome」、「櫛：kusi」、「梳る：kusisuru」、「裸：hadaka」、「綺麗：kiley」、「鏡：kagami」、「派手：oba」、「ビニール袋：kapa」、「帽子：bosi」、「眼鏡：megane」、「時計：tokey」、「脱ぐ：hogasu/hogasuru」、「外す：togasuru」、「かばん：kabang」

（45 項目）

　「スカート」が hakama 〈袴〉、「女性用ズボン」が mongpey 〈もんぺ〉に対応していることが興味深い。戦前の日本を彷彿とさせる事象である。なお、「服を着る」「ズボンを穿く」「帽子を被る」などの動詞部分がすべて haku という語で表現されることが注目される。これは伝統的なアタヤル語で「身につける」ことを包括する posa という語を日本語由来の haku に置き換えたものである（真田・簡 2012）。なお、「脱ぐ」の hogasu/hogasuru は「解く（ほどく）」に、また「外す」の togasuru は「解く（とく）」に由来するものではなかろうか。

(2) アタヤル語

「衣服：lukusi/lukus」、「古着：tapang」、「洗濯する：mahu」、「笠：cyasi」、「濡れる：mohi」、「乾く：kiyey」、「おぶい紐：pryung」、「切れる：poho」、「破れる：buka」、「襤褸：ya'eh」、「織る：tinyung」、「針：rong」、「切る：kutang」、「剃る：kutang」、「似合う：myasa」、「清潔：myasa」、「汚れる：moro」、「汚い：cla」、「醜い：sokang」、「みすぼらしい：nyatang」

（20項目）

アタヤル語を出自とする語は、日本語出自のものと比べると少ない。そして、それらは、「古着」、「おぶい紐」、「襤褸」、「織る」、「汚れる」、「汚い」、「醜い」、「みすぼらしい」などに対応する、実生活に密着した俗的な項目に対するものが多いことが指摘される。なお、「清潔」の myasa に対して、ya'eh が「襤褸」のことでもあることに留意したい。実は両語の意味範囲は広いのである。myasa は、「似合う」、「良い」などのプラス評価の概念を包括する用語である。一方、ya'eh は、「良くない」、「痛む」、「下手」などのマイナス評価の概念を広く包括する用語である。

(3) 閩南語

「盥：bintang」

（1項目）

bintang は、この分野では唯一の閩南語出自の語であること

に留意したい。

(4)混種語

「肌着：nakalukusi」、「結う blangsuru」、「汚す：morosuru」
(3項目)

nakalukusi(「肌着」)は、日本語出自の naka(「中」)とアタヤル語 lukusi(「衣服」)との複合語である。blangsuru と morosuru は、それぞれアタヤル語の blang(「結う」)、moro(「汚れる」)に日本語出自の suru(「する」)が付いたものである。

3 「食類」分野の語彙の実態

「食事」をめぐって対象にしたのは113項目である。これらのレファレントに対して、単純語や複合語ではなく、句でもって応じられたものは、次の14項目であった。

「食べ物：taberu no mono」、「朝食：asa taberu no mono」、「昼食：giru taberu no mono」、「夕食：bang taberu no mono」、「豚肉：biyak no niku」、「牛肉：kating no niku」、「干し魚：kiyey no icyox」、「沸かす：isya taku」、「鍋敷き：iyung oku no mono」、「飯櫃：gohang oku no mono」、「急須：ocya oku no mono」、「盃：cisay kopu」、「お玉：hopa syazi」、「満腹：hara ipay」

以下、単純語・複合語を対象に、語種(語の出自)の面から

「食類」分野の語彙を分類しよう。(項目で下線を引いたものは日本語出自の語とアタヤル語出自の語とが併用されていることを示す。以下同様。)

(1)日本語

「ごはん：gohang/gwahang」、「飯：mesi」、「弁当：bento」、「間食：okasi」、「うるち米：kome」、「もち米：mocigome」、「お粥：okay」、「混ぜる：mazeru」、「野菜：yasay」、「味噌：miso」、「味噌汁：misosiru」、「肉：niku」、「刺身：sasimi」、「おでん：oren」、「牛乳：miruku」、「母乳：opay」、「匂い：niyey」、「味：azi」、「試食する：azisuru」、「甘い：amay」、「おいしい：oysi」、「好い：zyoto」、「新鮮：atarasi」、「わさび：wasabi」、「砂糖：sato」、「醤油：soyu」、「油：abura」、「味の素：azimoto」、「缶詰：kanzume」、「サイダー：sayra」、「お菓子：okasi/kasi」、「水団：oranggo」、「餅：moci」、「水：mizyu」、「お茶：ocya」、「酒：sake」、「炊く：taku」、「煮る：taku」、「煮え：niyey」、「(スープを)作る：taku」、「焼く：yaku」、「杓子：syaku」、「たわし：tawasi」、「雑巾：zyoking」、「包丁：hocyo」、「切る：kiru」、「水桶：tangku」、「瓶：bing」、「魔法瓶：mahobing」、「缶：kang/kangkang」、「コップ：kopu」、「丼：rongburi」、「皿：syara」、「スプーン：syazi」、「箸：hasi」、「洗う：araw/awaru/arasuru」、「薬缶：yakang」、「お湯：oyu」、「ビール：biru」、「煙草：tabako/baku」、「食べる：taberu」、「飲む：nomu」、「噛む：kamu」、「薬：kusuri」

(64項目)

「間食」、いわゆる「おやつ」がokasi〈お菓子〉となっていることや「好い」がzyoto〈上等〉に対応していることが興味深い。なお、「ごはんを炊く」「野菜を煮る」「スープを作る」などの動詞部分がすべてtakuで表現される。すなわち「調理する」ことを包括する形でtakuが用いられているのである。

(2)アタヤル語

「芯のある飯：teru」、「食べ残し：hara'」、「麺：wayay」、「(調理した)野菜：rami」、「生猪肉漬け：tmmyang」、「魚：icyox」、「干す：kiyey」、「熱い：kilux」、「温かい：kilux/kilox」、「塩辛い：mitoh」、「酸っぱい：mitoh」、「良くない：ya'eh」、「臭い：sokang」、「塩：timu」、「こぼす：kuhung」、「ふきこぼれる：toto」、「焦げる：cyuling」、「黒焦げ：kalox」、「スープ：iyung」、「しゃもじ：ibu'」、「切る：kutang」、「椀：pyatu」、「水：isya」、「酒：uwo」、「おつまみ：rami」、「酔う：busok」、「満腹する：tngiy」、「腹がへる：moyey」、「喉が渇く：meyah」、「舐める：mu'an」、「食いしん坊：knani」、「吐く：muta」、「炊く：tapuy」、「煮る：tapuy」、「薬：iyu」

(35項目)

アタヤル語を出自とする語は、「衣類」の場合と同様、日本語出自のものと比べて少数である。そして、それらは、現地生活での独自の食べ物、実生活に必需の項目に対してのものが多いことが指摘される。なお、「熱い」と「温かい」はいずれもkiluxで区別がない。ちなみに、kiluxは「暑い」ことをも表

す。また、mitoh という語が、「塩辛い」「酸っぱい」など、味覚を包括的に表現していることも注目される。

(3)閩南語

「ビーフン：bihung」、「漬物：kyamcay」、「(豆腐の)漬物：tozi」、「干し大根：caypo」、「焼酒鶏(鶏料理の一種)：ke-cyu」

(5項目)

いずれも台湾での特徴的な食べ物、料理である。

(4)混種語

「温める：kiluxsuru」

(1項目)

4 「住類」分野の語彙の実態

「住まい」をめぐって対象にしたのは56項目である。

これらのレファレントに対して、単純語や複合語ではなく、句でもって応じられたものは、次の5項目であった。

「門：hopa no lihung」、「シャンプー：tunox awaru no」、「傘立て：kasa oku no」、「本棚：hon oku no mono」、「椅子：tamasuru no mono」

以下、単純語・複合語を対象に、語種(語の出自)の面から

12. 宜蘭クレオールの"衣食住"語彙　129

「住類」分野の語彙を分類しよう。

(1)日本語

「トイレ：benzyo」、「裏手：usiro」、「階段：dangdang」、「畳：tatami」、「ガラス戸：garas」、「鍵：kagi」、「(戸を)開ける：akeru」、「タオル：tawaru」、「石鹸：sye'ken」、「箪笥：tangsu」、「テーブル：handay」、「ベッド：beto」、「枕：makura」、「布団：hutong/gutong」、「毛布：mohu」、「寝る：neru」、「釘：kugi」、「針金：harigane」、「箱：hako」、「ガス／ガスコンロ：gasu」、「蝋燭：rosok」、「電気：denki」、「電気鋸：denraki」、「懐中電灯：dento」、「ショートする：syoto」、「箒：hoki」、「ゴミ：gomi」、「掃除：sozi/syozi」、「留まる：tomaru」、「建てる：cukuru」、「平屋：surabu」

(31 項目)

　「トイレ」が benzyo〈便所〉、「テーブル」が handay〈飯台〉であることが興味深い。古い日本語が維持されているわけである。なお、「平屋」の surabu は〈slab〉で、本来、建築物に用いる鉄筋コンクリート製の厚い床板のことを表すものである。ただし、「電気鋸」の denraki は日本語出自かどうか不明。

(2)アタヤル語

「家：ngasan」、「小屋・倉庫：tatak」、「部屋：lapo」、「物干し竿：ruma」、「ドア：lihung」、「閉める：katang」、「蓆：pitox」、「蓋：umok」、「火：puni」、「煙：puni」、「消す：katang」、「薪：koni」、「焼く：cyuling」、「火事：tlung」、「灰塵：moro」、「臭い：sokang」、「寝る：abi」、「居眠り：ro'ong」、「掃除：kagaw」、「拭く：cyumang」

（20 項目）

この分野では、日本語を出自とする語と比較してアタヤル語を出自とする語が比較的多いことが指摘される。「火」と「煙」が同じく puni で表現される。また、「閉める」と「消す」が同じく katang で表現され、区別がない。

(3)混種語
「壊す：bukasuru」、「倒れる：totosuru」

（2 項目）

5　まとめ

「衣・食・住」のそれぞれの分野において、日本語・アタヤル語・閩南語・混種語の順で、それぞれがどのような比率で使われているかを、図4にまとめて示す。

いずれの分野においても日本語を出自とする語の比率が高いことが分かる。宜蘭クレオールにとって、日本語が語彙供給言語（lexifier language）であることが改めて確認される。単語の音形、表現形式、意味の変容、新体系の構築などに関して、上に掲出したデータを通して摘出できる点は、

①　日本語出自の語が、基層言語の音韻規則によって変形を受

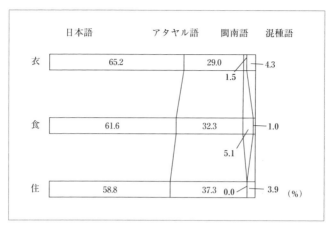

図4 宜蘭クレオールの語種の比率

けていること(音的置換)
② 概念を表現するのに、語はなく句で表現する場合が多く見られること(分析化)
③ 日本語出自の語が、その意味範囲を拡張していること(包括化)
④ 動詞を表すマーカーによって新しい体系を作り出しつつあること(合理化)

などである。

注
(1) 地域社会でのイディオレクト(個人語彙)には、二つの言語層(コード)があると考える。その一つは、基底部ともいうべき vernacular

(地域に密着した伝統的生活言語)に属する語彙である。これは地域(家庭)において最初に学ぶ言語である。これに対して、その上層部というべき、公的・基準的な言語がある。主として学校で学ぶことば(学習語彙)で、日本列島でいえば、東京語を基盤として発達し、方言の上にかぶさった共通語がそれである。それが個人語彙の中に占める比率は、上層部対基底部に関しては、ほぼ3：1ぐらいであろうと推測される(真田2002)。東岳村での語彙調査では、近・現代に発達した新しい概念も含めて、全体で約3500項目を対象とした。その結果、話者(Y氏)の場合、特に近・現代的な概念に対して、年齢が若いせいでもあろうが、第二言語としての中国語の音形・語句で答えた項目が多数あった。また、中国語の語彙にsuruを付加する形で動詞化して当該レファレントに対応した例も一部に見られた。中国語は宜蘭クレオールの上にかぶさってきた公的・基準的言語である。話者が、日常生活でクレオール語を話す時にはそのような概念は存在しないと内省したものや、中国語をそのまま回答したものは発音も中国語式なのでコード切り換えであると判断し、それらを対象項目から省くこととした。以上の項目を除いた約1400項目に対する語形・語句を、一応の基底層(基礎語彙)と認定して、『台湾「宜蘭クレオール」の基礎語彙表』(簡月真・真田信治編、2010)を作成したのである。なお、日本語出自の語彙でも、話者が、理解はするが自分は使用しない語だ、と答えたものは本章では考察の圏外としている。

参考文献

真田信治(2002)『方言の日本地図』講談社＋α新書

真田信治・簡月真(2012)「宜蘭クレオール」(『国語研プロジェクトレ
　ビュー』3: 38-48)

(2015.3)

13.　宜蘭クレオールの否定表現[1]

1　はじめに

　ここでは、クレオールとしての独自の体系構築を示す具体的事象として、否定辞にかかわる新しい範疇の形成をめぐって考察することにしたい。

　インフォーマントは、東岳村生え抜きの 1974 年生まれの女性を主として、1951 年生まれの男性、及び 1947 年生まれの女性ほかである。

2　否定表現

　以下、具体的に、名詞文、動詞文、形容詞文の順に考察していく。

2.1　名詞文

　宜蘭クレオールの名詞文の否定表現は、次のようになる。

（1） are hana cigo. are ga kusa.（あれは花じゃない。あれは草だ。）

（2） koci karenko cigo. koci ga girang.（ここは花蓮じゃない。ここは宜蘭だ。）

（3） wasi sensey cigo. wasi ga seto.（私は先生じゃない。私は生徒だ。）

（4） are sensey cigo rasye.（彼は先生じゃないだろう。）

（5） seto cigo no ninggen, maye koy.（生徒じゃない人、前に来なさい。）

（1）～（5）に示すように、名詞文の否定には語彙的な否定形式の cigo が用いられる。この cigo は、日本語の「違う」に由来する形式である。なお、（4）での rasye は日本語の「らしい」に由来する形式で、ある程度の根拠のある推量を表すものである。

以上のような、名詞に「違う」を後接させて否定を表す用法は、台湾高年層の用いる、いわゆる台湾日本語にも観察されるところである（簡 2011）。

過去テンスについては、次のような使用が観察される。

（6） are lela ga sensey cigo.（彼は先生じゃなかった。）

（7） are lela keysacu cigo.（彼は警察官じゃなかった。）

（8） aci lela gago cigo.（あそこは学校じゃなかった。）

（6）～（8）で注目を引くのは、過去テンスが時間副詞 lela（「かつて」の意）で語彙的に表されているという点である。このよ

うな用い方は宜蘭地域で使われているアタヤル語 C'uli' 方言の影響なのではないかと考えられる。宜蘭アタヤル語 C'uli' 方言では、上の用例(6)に対して、(6')のように表現する(インフォーマントは 1954 年生まれの男性である)。

（6′）lela ga iyat sensi hiya.
かつて　トピックマーカー　否定詞　先生　三人称代名詞
（彼は先生じゃなかった。）

　用例(6)とこの(6')を対照すると、宜蘭クレオールは、宜蘭アタヤル語 C'uli' 方言と同様に lela という時間副詞を用いて過去テンスを表していることが分かる。
　以上を総合すると、宜蘭クレオールの名詞文に関して、次の2点が指摘できる。

①否定表現については、日本語の「じゃない」を採用せず、「違う」に由来する cigo を用いる。
②過去テンスは、日本語の「違う」の過去形「違った」などではなく、宜蘭アタヤル語 C'uli' 方言由来の時間副詞「lela」によってのみ表される。

　すなわち、形態的な処理を要する表現が採用されず、語彙的な形式が使われているわけである。ここには明らかな構造再編が認められるのである。

2.2　動詞文

　動詞文の否定は、次のようである。(*は非文を、?は話者間でゆれのあることを表す。)

（9）wasi <u>kino</u> tayhoku <u>ikanay</u>/ *<u>ikang</u>.(私は昨日台北へ行かなかった。)

（10）are <u>kino</u> tayhoku <u>ikanay</u>/ *<u>ikang</u>.(彼は昨日台北へ行かなかった。)

（11）nta <u>kino</u> tayhoku <u>ikanay</u>/ *<u>ikang</u> ga.(あなたは昨日台北へ行かなかったか。)

（12）<u>kyo no asa</u> <u>walaxsinay</u>/ *<u>walaxsang</u>.(今朝、雨が降らなかった。)

（13）wasi <u>kyo no asa</u> hayay <u>okiranay</u>/ *<u>okirang</u>.(私は今朝早く起きなかった。)

（14）<u>ima</u> <u>walaxsinay</u>/ *<u>walaxsang</u>.(今は雨が降っていない。)

（15）<u>ima</u> wasi pila <u>mocanay</u>/ *<u>mocang</u>.(今、私はお金を持っていない。)

（16）are <u>mara</u> <u>okiranay</u>/ *<u>okirang</u>.(彼はまだ起きていない。)

（17）wasi <u>asta</u> tayhoku *<u>ikanay</u>/ <u>ikang</u>.(私は明日台北へ行かない。)

（18）are <u>asta</u> tayhoku ?<u>ikanay</u>/ <u>ikang</u>.(彼は明日台北へ行かない。)

（19）<u>kyo</u> *<u>walaxsinay</u>/ <u>walaxsang</u> rasye.(今日は雨が降らないだろう。)

（20）wasi <u>kyo</u> hontoni *<u>tamasinay</u>/ <u>tamasang</u> hayya.(私は今日絶対にタクシーに乗らない。)

（21）kilux. *<u>arukusinay</u>/ <u>arukusang</u> mo.（暑い！もう歩きたく
　　　ない。）

　　以上の用例のうち、(9)〜(13)は「過去」、(14)〜(16)は「現
在」、(17)〜(21)は「未来」のことを表すものである。この使
用状況からは、「過去」と「現在」には否定辞 nay のみが使わ
れ、ng を使うと非文になり、一方、「未来」には否定辞 ng の
みが使われ、nay を使うと非文になることが分かる。

　　すなわち、ここには、

nay：ng ＝「過去」「現在」：「未来」

といった使い分けに関する相補的分布が存在すると言えそうで
ある。

　　ただし、発話例(18)に示したように、高年層では、未来の事
態や行為においても、第3者に関する客観的な描写に限って
nay を許容する人が存在する。これは、このような文脈におい
て、nay と ng が併存していた可能性を示唆するものである。

　　なお、インフォーマントは、次のような発話例に関して、殺
していないと明白に知っていることを言う場合(22)には「殺さ
ナイ」を、一方、これからのことで、殺すか殺さないか分から
ないが推測で言う場合(23)には「殺サン」を用いる、と内省し
ている。

（22）are welung <u>korosanay</u>/ *<u>korosang</u>.（彼は鶏を殺さナイ
　　　〈殺していないことを知っている〉。）

138

(23) are welung *korosanay/ korosang.（彼は鶏を殺サン〈これからのことで、推測だが〉。)

　以上のことを鑑みるに、nay が用いられる発話例は、いずれも発話時ないし発話時より前(すなわち既然)の事態や行為を描写するものであり、ng が用いられる文例はいずれも発話時より後(すなわち未然)の事態や行為を描写するものであることが理解されるのである。

　総合すると、ここには、

nay：ng＝「既然の事態・行為」：「未然の事態・行為」

といった、使い分けの規則性を見出し得るのである。

2.3　形容詞文

　形容詞文の否定は、次のようである。(*は非文を表す。)

(24) kino samuysinay/ *samuysang.(昨日は寒くなかった。)

(25) kino kiluxsinay/ *kiluxsang. kosi samuy.(昨日は暑くなかった。少し涼しかった。)

(26) kino wasi no nba kukuy. imato kukuysinay/ *kukuysang mo.(昨日は手が痒かった。でも今はもう痒くない。)

(27) ima samuysinay/ *samuysang.(今は寒くない。)

(28) kyo kiluxsinay/ *kiluxsang. samuy.(今日は暑くない。涼しい。)

(29) kore yasay takaysinay/ *takaysang.(この野菜は高く

なっていない。)

(30) <u>asta</u> *<u>samuysinay</u>/ <u>samuysang</u>.(明日は寒くない。)

(31) tenki mo *<u>kiluxsinay</u>/ <u>kiluxsang</u>.(お天気は暑くならない。)

(32) dare yuta yasay takaysuru no. *<u>takaysinay</u>/ <u>takaysang</u> mo.(野菜が高くなるのって誰が言った？　もう高くならないよ。)

　(24)～(26)は「過去」、(27)～(29)は「現在」、(30)～(32)は「未来」を表すものである。これらの用例から、まず、形容詞では、基本形に sinay(「しナイ」)と sang(「サン」)のいずれかを直接付加して否定が表されていることが読み取れる。

　sinay と sang は、いずれも日本語のサ変動詞「する」に否定辞「ナイ」と「ン」を接続させて形成されたものと考えられる。ここに見るように、nay と ng は形容詞にまでその使用領域が拡大している。これはすなわち、99頁にも記したように、形容詞が動詞として範疇化されているからである。この点が宜蘭クレオールの大きな特徴の一つと言えよう。

　次に、用例からは、

sinay：sang＝「既然の事態・行為」：「未然の事態・行為」

という使い分けに関する相補的分布の存在が指摘される。この-nay と-ng の使い分けの規則性は前節で取り上げた動詞の場合と同様である。こうした規則性の形成については後に論じることにする。

さらに、(24)〜(26)「過去」テンスの用例からは、上述の名詞文・動詞文と同様に、テンスに関しての形態論的な処理がなされず、時間副詞で語彙的に表すことも分かるのである。

なお、sinay と sang の形態に関して触れておきたい。nay が未然形の「し」に接続するのは分かるとして、なぜ、ng が西日本方言のような「せ」ではなく「さ」に接続しているのであろうか。この点については、高年層の用いる、いわゆる「台湾日本語」での情況から納得ができるのである。簡(2011)では、台湾高年層の残存日本語に標準語形ナイと方言形ンが使用されていることを指摘した上で、その併用状況を分析して、「(a)一段・カ変・サ変動詞の場合、ナイは使われるが、ンは使われない、(b)五段動詞の場合、ナイとンが両方使用されている」ということを明らかにしている。すなわち、ナイ(nay)は-a,-i,-e,-o のいずれにも接続するが、ン(ng)の接続は-a に限られるのである。このパラダイムに従えば、ン(ng)の接続が宜蘭クレオールで sang(「サン」)へと再編成されたこともうなずけるのである。「台湾日本語」と「宜蘭クレオール」は連続体をなしているわけである。

3　否定辞 nay と ng の使い分けの規則性

上述した、

nay：ng＝「既然の事態・行為」：「未然の事態・行為」

といった、使い分けの規則性の生成については、表7のような

13. 宜蘭クレオールの否定表現　141

表7　否定辞の生成プロセス

【台湾日本語】

過去	現在	未来
ナカッタ/−	ナイ/ン	

↓

【宜蘭クレオール(A)】

既然	未然
nay	? nay/ng

↓

【宜蘭クレオール(B)】

既然	未然
nay	ng

プロセスを想定することが可能である。

　表7に示したように、かつての台湾日本語には標準語形「ナイ」と地域方言形「ン」が併存していた。「ナイ」の過去形は「ナカッタ」であるが、「ン」の過去形は使われなかった(日本語における「ン」のかつての過去形「ナンダ」は、われわれの高年層に対する残存日本語の調査でも捕捉していない。おそらく台湾では「ナンダ」は普通には用いられなかったのであろう)。

　そのような背景のもとで、この地に形成された宜蘭クレオールにおいては、名詞文の否定表現と同様に、述語に過去形を使わず、時間副詞で過去を明示し、動作などは現在形にするという宜蘭アタヤル語 C'uli' 方言のパラダイムが採用される過程

で、「ナカッタ」の現在形である nay が抽出され、それが「既然」の範疇において使われるようになった。

　ただし、「未然」については、最初 nay と ng が併存していたと推測される。前掲の発話例(18)のように、現在の高年層では、未然の事態や行為においても、特に客観的な描写に限って nay を許容する人が存在するからである(表7の【宜蘭クレオール(A)】の段階)。

　その後、中年層以下の世代においては、合理化による体系の再編成がおこなわれ、nay と ng が、「既然の事態・行為」と「未然の事態・行為」に対応する形で用いられるに至った(表7の【宜蘭クレオール(B)】の段階)と推測される。この点に関する用例を追加しつつ、さらに詳しく論じることにしたい。

3.1　既然の事態・行為
3.1.1　「過去」の事態や行為

　既然の事態・行為のうち、「過去」の事態や行為において nay が使われる用例には、上掲の発話例のほか、次のようなものがある。

(33) wasi lela sukanay niku taberu no.(私はかつて肉を食べるのが好きではなかった。)

(34) wasi kino ngasang oranay.(私は昨日家にいなかった。)

(35) kyo no asa nanimo tabenay.(今朝、何も食べなかった。)

3.1.2　「現在」の事態や行為

　既然の事態・行為のうち、「現在」の事態や行為において

nay が使われる用例には、次のようなものがある。いずれも、現在それが進行中であることを表している。なお、（古）と記した形式は高年層世代の用語で、1974 年生まれのインフォーマントにとっては古めかしい言い方とされるものである。

（36）wasi no otoko <u>ima</u> ngasang <u>oranay</u>.（私の夫は今家にいない。）

（37）<u>ima</u> <u>walaxsinay</u>.（今は雨が降っていない。）

（38）wasi <u>ima</u> tienshih <u>miranay</u>／ <u>mitenay</u>（古）.（私は今テレビを見ていない。）

（39）wasi <u>mara</u> gwahang <u>tabenay</u>／ <u>tabetenay</u>（古）.（私はまだご飯を食べていない。）

（40）are <u>mara</u> <u>okiranay</u>／ <u>okitenay</u>（古）.（彼はまだ起きていない。）

（41）<u>mara</u> <u>neranay</u>／ <u>netenay</u>（古）.（まだ寝ていない。）

　これらの用例においては、nay のほかに-tenay（「～テナイ」）も使われている。助詞を介した-tenay という形式について、インフォーマントは「これは古い言い方で自分はあまり使わない。自分の世代では nay とのみ言うことが多い」と内省している。したがって、中・青年層世代では、-tenay を nay に収斂させる動きが進行していると言える。

　この現象に関して、高年層の人々は、「この頃の若い者の言葉は少し乱れている」として、「たとえば、tabetenay と言わずに tabenay と、変なことばづかいをする」と非難するのである。しかし、この変化は、まさに単純化（合理化）への流れと

して位置づけることができるものである。

　日本語が身近であった高年層の人々には許されないことであっても、日本語に馴染みのない若い人たちは、自分の使いやすいようにことばを合理的に変容させて新しい体系を作り出しつつあるわけである。

　なお、(38)での miranay、(40)での okiranay、(41)での neranay などはいわゆる一段動詞の五段化で、単純化による変化である。これはすべての年齢層に認められる。ただし、(39)での tabenay のように五段化しない動詞も存在する。tabenay には若い人たちのなかで tabesinay というバリアントが観察される。

3.2　未然の事態・行為

　これは、その事態や行為が、時間の流れのなかで、将来起こるものとしてとらえられるものである。そこでは、「推量」や「意志」などが表される。

3.2.1　「推量」

　ng によって「推量」が表される用例には、次のようなものがある。

(42) are asta orang rasye.(彼は明日いないだろう。)

(43) are ngasang cukurang rasye.(彼はもう家を造らないだろう。)

(44) kore la'i itazulasang.(この子は多分今後いたずらしない。)

（45）kyo no bang walaxsang.（今晩は雨が降らないと思う。）

　将来的な事態や行為に関する推量であるが、(42)(43)のように rasye というモダリティ形式と共起することもあれば、(44)(45)のように ng が単独で用いられることもある。

3.2.2　「意志」

　ng によって「意志」が表される用例には、次のようなものがある。

（46）wasi kyo nanimo yuwang.（私は今日何も言わない。）
（47）kyo no bang nomang. hong miru.（今晩は飲まない。勉強する。）
（48）wasi hontoni are sensey yuwang.（私は絶対に彼を先生と呼ばない。）
（49）A：sindeke. B：sinang.（A：死ね！　　B：死なない！）
（50）nta asta tayhoku ikang ga.（あなたは明日台北に行かないか。）

　(46)〜(49)は動作者が第一人称の場合で、将来への動作者の決意が表現される。一方、(50)は、「行かないつもりか」と相手の意志を尋ねる場合の表現である。

4　おわりに　nay/ng 対立のメカニズム

　以上、本章では、〈否定〉というジャンルに限定してではあ

るが、発話時、ないし発話時よりも前（既然）の事態や行為と、発話時よりも後（未然）の事態や行為を、否定辞 nay と ng によって弁別して描写するといった体系化が宜蘭クレオールにおいて図られていることを明らかにし、その経緯について分析した。まとめると、表8のようになる。

表8　宜蘭クレオールにおける否定辞の体系

既然の事態・行為	未然の事態・行為
nay	ng

　では、なぜこのような体系が構築されたのであろうか。そこには、アタヤル語が関与していると考える。

　アタヤル語をはじめ台湾やフィリピンのオーストロネシア語族に属する言語には、印欧語におけるようなテンス（tense）に対応する概念を想定することは不適当で、ムード（mode）とアスペクト（aspect）の組み合わせによった枠組みを想定すべきであり、その枠組みとは「既然法（realis）」と「未然法（irrealis）」であるとされる（亀井ほか 1996）。「既然法」とは、その事態ないし行為がすでに行われている、あるいは、行われたことを表し、「未然法」とは、その事態ないし行為がまだ行われていないことを表すものである。

　したがって、宜蘭クレオールにおいては、基層言語であるアタヤル語の「既然法」「未然法」といった枠組みのなかに上層言語である日本語の標準語形「ナイ」と地域方言形「ン」の2形式が巧みに取り込まれ、新しい体系が構築、形成されたと見なすことができるのである。

世界のクレオール研究においては、否定辞の形式や位置（述語の前か後か）などに関する論述は多い（Holm 1988, Thomason 2001, Sakoda and Siegel 2003 など）が、ここでのような語彙供給言語（lexifier language）の標準語形式と地域方言形式を相補させる形での体系構築を論じたものは、管見の限りはないようである。このような事象は世界的に見ても貴重な事例と言えよう。

注
（1）本章は、簡月真との共同執筆である。

参考文献
亀井孝・河野六郎・千野栄一（編著）（1996）『言語学大辞典　第6巻　術語編』三省堂.

簡月真（2011）『台湾に渡った日本語の現在―リンガフランカとしての姿―』明治書院

Holm, John（1988）*Pidgins and Creoles.* Vol.1. Cambridge: Cambridge University Press.

Sakoda, Kent and Jeff Siegel（2003）*Pidgin grammar: An introduction to the Creole English of Hawaii.* Honolulu: Bess Press.

Thomason, Sarah G.（2001）*Language contact.* Edinburgh: Edinburgh University Press.

（2011.9）

14. "日本語は日本人のもの" という捉え方の持つ問題

　本章は、安田敏朗著『かれらの日本語─台湾「残留」日本語論』（人文書院、2011）の〈書評〉である。

　本書は、さまざまな文献資料を渉猟し、そのそれぞれに対して一貫した視点からの批判的な論評を加える、といった著者の連作の最新刊である。

　本書の前半では、日本植民地時代の台湾を例にして、台湾人が話す日本語を、日本人の教員・研究者たちがどのように捉えていたのかを概観している。台湾での「かれらの日本語」を矯正すべき「誤謬」と見なす者がいた一方で、台湾在住の日本人のことばからの影響も受けた、その意味では彼我の峻別のできない「台湾方言」と捉える者や、さらには別の言語体系が発生するのではないかと予測する者がいたことを明らかにしている。

　本書の後半では、戦後の「かれらの日本語」の展開を追っている。台湾では日本語はそれまでの国語としての位置を外れたにもかかわらず、1960年代以降に日本人の訪問が増えるにつ

れて改めて見直され、植民地支配の「成功」といった文脈で語られるようになってくる。そして、こうした潮流を踏まえ整理した上で、台湾東部のアタヤル人の一部で話されている言語を「クレオール」という話し手の「母語」にまでなっていると捉える研究を取り上げて論評している。

　評者は誰よりも著者の感性に共感を覚える、著者のシンパサイザーである。"ことばはだれのものか−ことばはわたしのものでしかない"、"「〜語」や「〜方言」と名付けられた瞬間に、それは個々の人間から乖離していく"、"「言語」と「方言」の違いは言語学の問題というより、すぐれて政治にかかわる問題である"等々の言及は、まさに評者自身の主張するところでもある。

　外国人のしゃべる日本語に対して、「日本語が上手ですね」などと応じる心理。日本人のなかにある「日本語はわれわれ日本人のもの」といった観念の抜けきらない、いわば上からの目線。それが本書で中核とするところの、戦前の、そして戦後も含めての「かれらの日本語」という視線自体への批判である。

　留学生のことばのなかになまりがあって困る(たとえば、母国で九州なまりのある先生に教えられていたらしい、困ったことだ)、などといった話を日本語教師がしているのを往々にして耳にする。しかし考えてみれば、われわれは九州なまりのある日本人に対して、はたしてそのような言及をするであろうか。九州なまりがあるからといって、その人のことばの先生(生活のなかでは親)のことを批判したりするであろうか。このような事例も本書で批判する日本人の精神構造と関連していよう。

著者はかつて次のように述べた。

　日本は台湾を1895年に領有しますが、そのときに当地で国語教育も始まりました。そうすると、「教えるべき言葉」、「教科書につかわれるべき標準体」というのが必要になる。その基準が整備され、確立し、その基本を持って日本語教師が満州や東南アジアへ派遣されて、現地で日本語教育が行われました。戦争が終わり、植民地下の国語教育としての日本語教育は終結するわけですが、戦時中にあった日本語教育は悪で、現在の日本語教育は善であるとは、簡単には言い切れないように思います。方言を排除し、植民地の言葉を抑圧してきた過程で成立したのが日本語教育なわけで、それと今の国際交流の中で行われている日本語教育が全く違うとは、言い切れないのではないでしょうか。(略)そもそも「言葉を教える」ということが政治的に中立では有り得ないということを、日本語教師は認識すべきだと思います。それがないと、国際交流という大きい流れに乗っかってしまう。日本語教育に国際交流というパラダイムがあったとしても、「国際交流」の代わりに「大東亜共栄圏」と言えば、戦前の構造と変わらなくなってしまう。
　　　　（「対談　日本語教育の再構築」『月刊日本語』1999.5）

　この言辞に共感する立場から、毎年、評者のゼミで学生たちに、この文章内容についてのコメントを書かせている。そこでは、大部分の学生たちが、特に海外で日本語を教えた経験のある学生が、現在の日本語教育の現場や教師の心情を無視した勝

手な思い込みであるとして、著者の見解に強く反発していることを明らかにしておきたい。

　評者はまた、中国東北部でのフィールドワークで出会った老齢の女性の語りが忘れられない。彼女は、朝鮮戦争時、人民解放軍の医療班として半島へ進軍した兵士の一人なのだが、かつて医学を教授してくれたのも生活の改善に尽くしてくれたのもすべて日本人だった、日本人は私の恩人だ、と言っていた。彼女の夫も日本語が話せる人で、小学校の校長であったが、文化大革命の折、教室でちょっと日本語をまじえて話しただけで紅衛兵に連行され、街中を引き回されて片足を失ったとのことである。若い世代の中国人が、かつての日本人の貢献について教育されていない情況をとても残念に思う、とも語っていた。

　植民地支配を肯定するわけでは決してない。しかし、当時の現地での情況を身体で感じることのできない立場で、いわばエリートたちが建前として書いたものに基づいて、ステレオタイプ的に批評すべきではなく、当地での（それが中国人であろうと日本人であろうと）、個々の体験者の心に沿った論述を心掛けるべきだと評者は考えている（もちろん、語り手のみに頼った論じ方の危険性も視野に入れた上での話ではあるが）。その点に関して、現地調査をまったく行わずに、文献資料のみを扱って、アプリオリに批評する著者の手法に対しては、やや違和感が残ることも事実である。もっとも、著者の文献資料の渉猟には心から敬服するところであり、批評の文章そのものはナイーブ、かつ文学的で魅力的ではあるのだが。

　ところで、評者は、著者のこれまでの連作において批評のターゲットになった人が、「見当違いだ」、「分かってもらって

いない」などと表明する現場に幾度か立ち会ってきた。そのつど、そうであるなら反論を加えればいいのに、と思ったことである。しかし、このたび評者たちの研究が俎上にのぼることになってはじめてその人々の心持ちの一端が理解できたような気がしているのである。

　本書での批評のターゲットの一つになったのは、評者たちが発見し、その後、現地の話者たちの要請を受ける形で記録、記述している「宜蘭クレオール」についてである（評者たちの「発見」という表現に著者は異を唱えているが、誰某のことばを借りれば、それは「それ以上でも以下でもない」のである）。

　宜蘭クレオールとは、台湾東部、宜蘭県のアタヤル人の一部の村で使われている言語のことである。アタヤル語を基層に、日本語を上層として再編成された新しい言語であるが、現在は各世代の唯一の母語となっている。世代を通して継承されているという点で、またアタヤル語の母語話者も日本語の母語話者も、聞いただけではまったく理解できないような姿に再編成されているという点で、われわれはこれを言語学的見地から「クレオール」と認定したのである。認定当初、日本の植民地統治を背景としての日本語がかかわっている、という意味あいにおいて、「日本語クレオール」と称したのであるが、これを台湾での高年層の人々が運用している日本語変種（「台湾日本語」）と混同する向きがあり、それを危惧して、改めて「宜蘭クレオール」と命名したのであった。したがって、宜蘭クレオールは日本語ではなく、あくまで「かれらのことば」なのである。そして、それは著者が、「『宜蘭日本語方言』と名付けることも可能だろう」（214ページ）と述べるような意味での「かれらの日本

語」ではないのである。

　宜蘭クレオールに関して、著者は次のようにも述べる。

　　わたしは調査をしていないので、それが「クレオール」か
　否かを判断する立場にない。どうやら周囲とは異なる言語変
　種が話されていることは確かなようではあるものの、それを
　いかなる根拠で「クレオール」でありひとつの「言語」と判
　断するのか、実はまだよくわからない。詳細な、そして貴重
　なデータは近々明らかになるだろうが、その内容に信は置け
　るにしても、ひとつの「言語」として認めさせたいという思
　いがかなり強いように思われてならない。

　　　　　　　　　　　　　　　　（「あとがき」284 ページ）

　現地調査をせずに、またクレオール論の全体の流れを捉えず
に、自分に関心のある部分の表現だけを切り抜いて、自分の見
地から都合よく論評することには問題があるのではなかろう
か。別項に関してだが、著者の言及に、「歴史を経た語り口の
構成をふまえずに、それぞれの立場で都合のよいように利用す
ることには少なからぬ問題があるといってよい。」(「はじめに」)
というのがある。このことばは、そのままブーメランのように
著者自身に返っていくように思われる。

　　　　　　　　　　　　　　　　　　　　　　　　（2012.5）

15. 接触・動態日本語論の展開

1 さまざまな日本語

　日本における在留外国人の数は、2007年末の時点で約215万人、総人口の約1.6%を超えた。その数はこれからもどんどん増え続けていくと予想される[補1]。

　外国人住民の急増、定住化の傾向は、これまでの日本社会にとって、地理的に広範囲、社会的属性と来日する目的の多様性、といった点で前例のない事態である。彼らが日本にやってきた目的には、生まれ育った国を出て、より広い世界で自己を試し、その可能性に挑戦したいという自己実現志向型がある一方、母国での経済的、社会的、心理的状態を忌避するための、いわば難民型のケースがある。いずれにしても、日本社会は今や外国人といかに共生するかという課題に直面しているのである。

　これまでの日本での研究は、「外に向かっての国際化」のために海外からの情報を取り寄せ、また、向こうに出向くことにエネルギーを費やしてきたが、「内なる国際化」に対してはあ

まり興味を示してはこなかった。自分のまわりの人々に目を向け、そこから何かを学ぶといった足元を見つめる姿勢が基本的に欠如していたように思われる。私たち日本人が、異なった言語、生活習慣、価値観を背景に持っている人々に心を開き、その違いを受け入れ、共生していこうとする多言語・多文化主義に裏付けられた生き方を選ぼうとするなら、民族やエスニシティだけにこだわらないポスト・エスニック・マルチカルチュラリズムに向かっての研究に着手することが必須なのである[補2]。

　このような観点から編集されたのが、山下仁編『言語の接触と混交』(大阪大学21世紀COEプログラム「インターフェイスの人文学」研究報告書第6巻、2007)である。全3部からなる。第1部では、日本社会における共生への歩みを、フィールドワークをもとに多元的に捉えようと試みている。第2部は「言語接触論からみた日本語：そのさまざまな姿」として、ブラジル沖縄系移民社会を対象に、琉球語、日本語、ポルトガル語がコミュニケーションの手段としてどのように使用されているのかを中心に探っている。第3部では、東アジアの各地における日本語使用の背景とその様相を考察している。

　まず、本書第1部の高阪香津美・津田葵「外国人生徒の学校教育環境：高等学校を中心に」では、外国籍生徒の高校進学者が近年増加傾向をみせる中、外国籍生徒がいかなる学習環境に置かれているのかについて、国や地方自治体の施策、ならびに実際に外国籍生徒を受け入れている公立高等学校3校およびブラジル人学校1校の事例を紹介し、教員に対する聴き取り調査、および参与観察をもとに、現状と課題について述べてい

る。そして、その課題の解決に向けて、移住者の子どもの日本社会への適応を支援するための国と自治体の施策に関して、言語権の見地から、次の点を提言している。①日本語指導を公教育の中に位置づけ、日本語を母語としない児童・生徒の学習する権利を保障する。②家庭内言語が日本語でない児童を対象に、入学前指導を実施する。③年齢別学年制にとらわれず、習熟度に対応した日本語教育プログラムを開発し、教材を準備する。④日本語指導に当たる専門の教員を配置する。また、教員だけでは指導しきれない部分を補うため、広く地域社会に人材を求め、非常勤、ボランティア等の日本語指導教員を配置する。これらの指導員には、一般教員と同等の身分的・法的保障を与える。⑤移住者生徒の高校進学を保障するため、日本語を母語としない生徒の受入れ特別枠を設け、これを拡充する。⑥公立学校受験における定員内不合格を、直ちに禁止する。⑦本人の母語による高校受験を認める。⑧両親の母語による情報と相談の機会を提供する。⑨国は、これらの施策に必要な、指導要領における位置づけ、財源の確保などを行う。

　次に、本書第2部に収載されている工藤眞由美「複数の日本語への視点」についてコメントしよう。そこでは、「近年のContact Linguisticsの進展によって、ごたまぜの本物ではない言語(スティグマを負った言語)として好奇心の対象でしかなかったピジンとクレオールは、今や、あらゆる言語の発達や変化に関する研究分野の中心的存在になった。ピジンとクレオールは、粗野な崩れた言語ではなく創造的な再構築プロセスであることが明らかになってきている。」と述べられている。工藤を中心とするメンバーは、国際的なContact Linguisticsの展

開を踏まえて、(1)ブラジル日系社会におけるコロニア語、(2)沖縄県那覇を中心とするウチナーヤマトグチ、(3)ブラジル沖縄系コミュニティーにおける日本語、琉球語、ポルトガル語の言語接触、といった三つのダイナミックな言語接触現象の調査研究を進行させているのである。「Contact Linguistics の発展によって、English ならぬ Englishes という観点が常識化しつつあるが、日本語についても、複数の日本語という脱中心化の観点が重要になってくると思われる。」という指摘は正鵠を射たものであろう。同様の視点から各地方言の形容詞を分析したものに、工藤眞由美編『日本語形容詞の文法　標準語を超えて』(ひつじ書房、2007)がある。

　ところで、「言語は陸軍や海軍が背後に控える方言である」[1]と言われることがあるように、言語と方言の区別は、基本的には社会的・政治的な理由が根拠になっている。言語接触現象は、純粋性や規範性を前提とした多言語主義ではなく、話し手と聞き手が会話の協調を創造し、維持するために備えていなくてはならないコミュニケーション能力とは何かという本質的な問題を提起するものであると言えよう。

　そして、本書第3部に収載されている簡月真「台湾におけるリンガフランカとしての日本語」について記そう。どの言語にもバリエーションが不可避な特徴として存在するのであるが、これは第一言語に限らず、第二言語にも観察される。バリエーションという現象は、個々の話し手を観察していると無秩序のように見えるが、話者の属性などによる違い、および同一の話者によって切換えられるスタイルの違いを整理することによって、多様性の中に規則性を見出していくことができるのであ

る。簡は、台湾でリンガフランカ（異言語間の共通語）として使われ、いまや消滅の過程にある「台湾日本語」を対象に、この、いわゆるバリエーション理論の考えを基礎に、話者の日本語能力による違い、および同一の話者によって切換えられるスタイルの違いを詳細に分析している。

　東アジアの旧統治領に残存する日本語については、真田信治『方言は気持を伝える』（岩波ジュニア新書、2007）にも触れるところがある。そこでは、かつて満州といわれた中国東北部で取材した話者（女性）の談話を載せている。その談話の中で、当該話者は、人民解放軍のメンバーであった当時、病気の折に治療してくれた軍医が日本人であったことを懐かしく回想している。ちなみに、朝日新聞の記事「歴史は生きている」（2007年12月31日版）には、戦後、中国当局の要請や命令で、強制的に中国に残って働かされた日本人の数は、国民党側でも共産党側でもそれぞれ少なくとも2、3万人はいたとある。そして、中国東北部の共産党幹部の1948年1月の報告には、「軍医院の医師、看護婦の8割が日本人で、共産党はせいぜい院長一人を送ることしかできない」と記されているともある。

　戦前・戦中の言語政策の検証に関するものとしては、日本植民地教育史研究会運営委員会編『植民地言語教育の虚実　植民地教育史研究年報　2006年』（皓星社、2007）がある。さらに、宮島達夫「戦時下日本の語彙」、屋名池誠「横書きの戦中・戦後地域・ジャンルでどうちがったか」、安田敏朗「戦前・戦中の外地（漢字文化圏）における日本語教育」、真田信治「戦前の南洋群島における日本語教育を垣間見る　N氏へのインタビューを通して」、加藤正信「昭和初期における地方の言語生

活と標準語・共通語の問題」など(以上いずれも、加藤正信・松本宙編『昭和前期日本語の問題点〈国語論究 13〉』明治書院、2007)に収載)も加わった。

　なお、戦後の言語政策を通観し、私説的に論じたものに、安田敏朗『国語審議会　迷走の 60 年』(講談社現代新書、2007)がある。

　以上のような、言語と民族・国家との関係を問題として扱う研究は、社会言語学における「言語計画」というマクロな研究領域に入れられるテーマである。この点に関して、桜井隆「日本の社会言語学　その歴史と研究領域」(『ことばと社会　10 号　特集　社会言語学再考』三元社、2007)では、「日本の社会言語学の特徴として、日本語教育が少なからぬ影響を与えていることが挙げられよう。たとえば多言語社会や言語接触という事象は、日本人にとっては、日本語教育を通じて初めて身近な問題として認識されるようになったのではなかろうか。(中略)明治期以来、マクロの領域の研究がかなり存在してきたと言えよう。標準語、国語国字問題、植民地言語政策、日本語普及などについての研究である。これらは敬語や方言などと並んで、大きなトピックであった。」と述べた上で、「しかし、現状では、マクロの領域の研究に対する評価が著しく軽視されているように思える。真田の分類では、1〜9 がミクロの分野であり、マクロの研究はすべて「10.　計画」に押し込められているような感がある。マクロの研究は別の大きなカテゴリーとして独立させ、その中をさらに細分化してミクロの 1〜9 と同じような分類をする、というような工夫も必要であろう。」として、真田(筆者)を批判している。

ちなみに、ここに述べられている真田の分類分野とは、「1.
方法論、2. 属性とことば、3. 集団語、4. 言語行動、5. 言語
生活、6. 言語接触、7. 言語変化、8. 言語意識、9. 言語習
得、10. 言語計画」のことである(ただし、2. と 3. は後に
「言語変種」として統合)。これは日本における過去の文献を整
理し帰納した、あくまでも作業仮設としてのカテゴリーなので
あった。このカテゴリーが日本の社会言語学の究極的な研究領
域として固定化され権威付けされつつあるような情況について
は、実は筆者自身も若干の危惧を抱いていたのである。その意
味において、桜井のコメントは、筆者にとって、まさに渡りに
船と言えるものである。

2　日本語のさまざま

最後に、日本語の動態を扱った2書を取り上げる。

まず、田中章夫『揺れ動くニホン語　問題なことばの生態』
(東京堂出版、2007)について。書名からは、流行を追ったもの
のように見えるが、田中は、江戸ことば、東京語(近代日本語)
に関する深い学識に基づいて、あくまで学術的に日本語の多様
性や豊かさをあますところなく描いている。近世以降の日本語
の変化や日本国内の地域的なバリエーションをさまざまな文献
や言語地図を用いて具体的に示しつつ、随所に独自の新鮮な見
解を披露している。

次に、井上史雄『変わる方言　動く標準語』(ちくま新書、
2007)について。井上は、社会的・歴史的・地理的といった三
つの観点から、日本語の多様なバラエティを詳細に論じてい

る。「方言イメージの変容」「外国語との相互干渉」「標準語の普及過程」といったテーマをめぐって、図や表を掲げつつ解説している。分析の手法をたえず追求するアイデアマンとしての面目躍如である。考察のなかで、近代以降の方言の社会的類型として、「1、方言撲滅」、「2、方言記述」、「3、方言娯楽」といった3類型が提示される。1は明治から戦前までで、方言への価値評価はマイナス、2は戦後で、方言への評価は中立、3は平成以降で、方言への評価はプラスと、方言イメージの変容が述べられる。そして、方言が経済的な産業資本になっている現況が克明に描かれる。たしかに、1は標準語教育、日本語普及を通して教育者が関与した時代、2は方言の体系と運用の記述など研究者が関与した時代、3は方言がサブカルチャーとして鑑賞されるようになった時代と総括することができよう。ただし、本書には現況に対する批判的なコメントがあまり見あたらないことが残念である。人間としての自己表現の道具たるべき本来のバラエティ（変種）が、単にバラエティ（ショー）として扱われ、メディアに弄ばれているような現状は危惧すべき情況だと考えるからである。

注

（1）"A language is a dialect with an army and navy."
　　　この警句は言語学者の Max Weinreich の発言としてよく引用されるが、実際の発言者が誰であるかについては不明なようである。

（2009.7）

補注

(1) 2017 年 6 月末現在、在留外国人の数は 247 万人を超えた。これは過去最高の数である。

(2) ちなみに、2025 年には日本で 253 万人の介護人材が必要とされる（厚労省の推計による）が、そこでは必ずや外国人介護士に頼らざるを得ない情況が現出してくるはずである。その介護に携わる東南アジアからの技術実習生への日本語研修にかかわる支援体制の確立、そして、彼らの日常の言語生活への具体的なサポートが喫緊の課題である。なお、遠藤織枝・是枝祥子・三枝令子(編)『5 か国語でわかる介護用語集：英語・中国語・インドネシア語・ベトナム語・日本語』(2018、ミネルヴァ書房)は、この分野への貢献の一つである。

出典一覧

1. 旧植民地に残った日本語(「朝日新聞」2007.2.5)
2. サハリン日本語における朝鮮語の干渉(「北海道方言研究会叢書」6 共著、2014.10)
3. 戦時中の平壌での日本語教育を垣間見る(「地域言語」10、1998.10)
4. 韓国人の日本語観(『韓国人の日本語観に関する調査研究:科研費成果報告書』大阪大学文学部 pp.25-30、1996.3)
5. ミクロネシアにおける日本語からの伝播語(『現代の位相研究』明治書院 pp.33-57、2002.1)
6. Phonological characteristics of Japanese-derived borrowings in the Trukese of Micronesia(「日本語科学」1、1997.4)
7. 「クレオール」について(書き下ろし)
8. 日本語を上層とするクレオール(「産経新聞」2010.8.21)
9. 台湾「宜蘭クレオール」概説(「国語研プロジェクトレビュー」3 共著、2012.7)
10. クレオール話者たちの言語権主張(「社会言語科学」17-2、pp.8-10、2015.3)
11. 宜蘭クレオールの音韻体系(「奈良大学紀要」43、pp.76-80、2015.3)
12. 宜蘭クレオールの"衣食住"語彙(「語彙研究」12、2015.3)
13. 宜蘭クレオールの否定表現(「言語研究」140 共著—原題「台湾の宜蘭クレオールにおける否定辞」、2011.9)
14. "日本語は日本人のもの"という捉え方の持つ問題(「東方」375、2012.5)
15. 〈学界時評〉接触・動態日本語論の展開(「文学・語学」194、2009.7)

あとがき

　ひつじ書房社主の松本功さんから、「日本語の動態」に関する既発表の拙論を集成したシリーズ本を編むようにとのお勧めがあったのは、2016 年の盛夏のことであった。

　私としては、フリーになれたとはいえ、ある種の空虚感に浸っていた時期で、躊躇するところがあったのだが、しばらくの逡巡のあと、〈言語変種〉〈言語接触〉〈言語計画〉〈言語習得〉をキーワードに、4 つのテーマ（「標準語史と方言」「地域・ことばの生態」「アジア太平洋の日本語」「ことばの習得と意識」）を設定して、各テーマに適う拙論を選び、テーマごとに論述を一本に紡いでみようと考えるにいたった。

　私は、この小シリーズ（全 4 巻）を斯界に呈して、厳しい御批評・御教示を仰ぐことで、蘇生への実感を得たいと思う。

　編集に当っては、拙論間で記載内容が重複する部分をカットしたり、表現の一部を変更・追加したりしたところがあるが、基本的にはもとの論述の内容をそのまま踏襲している。

　楽しみながらこの仕事を進めることができたのは、松本さんのお蔭である。また、編集作業を助けてくださり、貴重なコメントをくださったひつじ書房の兼山あずささんにも感謝する。

2018 年菊月、東京・日暮の里にて

真田信治

索引

欧文

Contact Linguistics　157
Englishes　158
suru の活用　101
vernacular　131

あ

アイデンティティ　109
アスペクト（aspect）　146
アタヤル語　83, 84, 119
アタヤル語 C'uli' 方言　93, 94,
　　112, 113, 135, 141

い

異音　116
一型アクセント　118
一段動詞の五段化　144
一人称代名詞　8
イディオレクト（個人語彙）
　　131

う

ウチナーヤマトグチ　82, 89
内なる国際化　155

え

エスニックグループ言語　91

お

オーストロネシア語族　146
音韻規則　130
音韻構造　114
音的制約　42, 45
音的代用（sound substitution）
　　42, 113
音的置換　113, 131
音的フィルター　42, 114

か

学習語彙　132
格標示　96
訛語　117
過去テンス　134, 135
カ語尾　3
過小弁別　42
活用形の混交　102
寒渓泰雅語　106, 108
簡略化　2

き

既然の事態・行為　138, 142
既然法（realis）　146
基層（substratum）　84
基礎語彙　84, 95, 122, 132
九州なまり　150

九州北部方言　2
教育所　92
教員養成所　24
宜蘭クレオール　84
勤労奉仕　27

く

クレオール（creole）　80
クレオール語　81, 82

け

形式動詞　97
言語計画　160
言語権　106, 108, 157
言語シフト　93
言語体系の再編成　96
原住民族語言能力認証考試　105, 106
原住民族語の普及政策　105
現地調査　154

こ

語彙供給言語（lexifier language）　130, 147
語彙的な否定形式　134
紅衛兵　152
好悪感情　34, 37
口蓋化音　116
口蓋垂破裂音　94, 112
口蓋摩擦音　117
公学校　39

後置詞標示　96
口頭語　118
合理化　131
国際音声字母　111
国際交流　151
語種（語の出自）　122, 125, 128
五段活用化　3
コミュニケーション能力　158
混合活用　102
混合言語　79

さ

在サハリンコリアン　9, 14, 17, 21
在日コリアン　89
在米コリアン　23
在留外国人の数　155, 163
サ行変格動詞　102
サブカルチャー　162
残留コリアン　5, 10

し

子音［h］の脱落　42
時間副詞　134, 135, 141
借用（伝播）語彙　41
集団移住施策　85, 92
集団名詞　7
上層（superstratum）　84
上層言語（superstrate language）　89
書写文字　111

人民解放軍　152, 159

す

スティグマ　157

せ

静態動詞　99
声門閉鎖音　115
接辞　100
接触言語（contact language）　91
接続語尾　15, 16
接尾辞　41
セデック語　91, 119
前置詞標示　96

そ

相補的分布　137, 139

た

大東亜共栄圏　151
台湾原住民族語　92
台湾日本語　84, 89, 140, 153
台湾方言　149
多言語・多文化主義　156
脱クレオール化　94
短呼化　114
単純化（合理化）　143, 144

ち

調音点　44

直音化　45

つ

通名　26
使い分けの規則性　138, 140

て

挺身隊　24, 31, 32
転移　12
テンス（tense）　146

と

東京語（近代日本語）　161
動詞（他動詞）化　41
島民学校　39
土岐哲　6, 23
ドキュメンタリー映画　109
ドキュメンテーション　109
特殊音素　114

な

南洋群島　1, 39
南洋庁　39

に

二言語併用者（bilingual）　80
日常語　20, 93
日本語観　33
日本語教育　151
日本語教師　151
日本語指導　157

日本語西日本方言　102
日本語母語話者　93
日本人の精神構造　150
日本の社会言語学　160

は

バイリンガル生活　121
バイリンガル・ミックスコード　89
弾音　118
派生動詞　98
バリエーション理論　159

ひ

ピジン（pidgin）　79
否定辞　133, 141, 146, 147
非文　136

ふ

複数形接尾辞　7, 8, 9, 11, 12, 13
プラス評価　124
文化大革命　152
分析化　131
文法体系の単純化（統合）　3
文法的機能語　15

ほ

母音の脱落　118
包括化　96, 131
方言イメージの変容　162

方言の社会的類型　162
傍層言語　96
ポスト・エスニック・マルチカルチュラリズム　156
ポナペ（ポーンペイ）州　40

ま

マイナス評価　124
マイノリティ　93, 95

み

未然の事態・行為　138, 142
未然法（irrealis）　146

む

無意志動詞　99
ムード（mode）　146
無声化　101
無声化音　118

も

モダリティ形式　145

や

安田敏朗　149

ゆ

有声子音の無声子音化　42, 44

よ

横浜ピジン　80

り

リンガフランカ　2, 93, 159

る

類推　102

れ

レファレント（概念）　121
連結語尾　16
連続体　140

わ

若者ことば　3

【著者紹介】

真田信治（さなだ しんじ）

大阪大学名誉教授。
1946 年、富山県生まれ。東北大学大学院修了（1970 年）。文学博士（大阪大学、1990 年）。国立国語研究所研究員、大阪大学大学院教授などを経て現職。専門は、日本語学・社会言語学・接触言語学。

真田信治著作選集　シリーズ日本語の動態　第 3 巻

アジア太平洋の日本語

The Remnants of Japanese in Asia-Pacific Region
SANADA Shinji

発行	2019 年 1 月 21 日　初版 1 刷
定価	1800 円＋税
著者	© 真田信治
発行者	松本功
装丁者	大崎善治
印刷・製本所	三美印刷株式会社
発行所	株式会社 ひつじ書房

〒 112-0011 東京都文京区千石 2-1-2 大和ビル 2F
Tel.03-5319-4916　Fax.03-5319-4917
郵便振替 00120-8-142852
toiawase@hituzi.co.jp　http://www.hituzi.co.jp/

ISBN978-4-89476-917-5

造本には充分注意しておりますが、落丁・乱丁などがございましたら、小社かお買上げ書店にておとりかえいたします。ご意見、ご感想など、小社までお寄せ下されば幸いです。